高职院校信息素养教育的
研究与实践

胡玉清◎著

·北京·

图书在版编目（CIP）数据

高职院校信息素养教育的研究与实践 / 胡玉清著. —北京：科学技术文献出版社，2024.3
ISBN 978-7-5235-1245-6

Ⅰ.①高… Ⅱ.①胡… Ⅲ.①信息素养—教学研究—高等职业教育 Ⅳ.① G254.97

中国国家版本馆 CIP 数据核字（2024）第 064214 号

高职院校信息素养教育的研究与实践

策划编辑：崔　静　责任编辑：张瑶瑶　责任校对：王瑞瑞　责任出版：张志平

出 版 者	科学技术文献出版社	
地　　　址	北京市复兴路15号　邮编 100038	
编 务 部	（010）58882938，58882087（传真）	
发 行 部	（010）58882868，58882870（传真）	
邮 购 部	（010）58882873	
官方网址	www.stdp.com.cn	
发 行 者	科学技术文献出版社发行　全国各地新华书店经销	
印 刷 者	北京虎彩文化传播有限公司	
版　　　次	2024年3月第1版　2024年3月第1次印刷	
开　　　本	710×1000　1/16	
字　　　数	210千	
印　　　张	13	
书　　　号	ISBN 978-7-5235-1245-6	
定　　　价	46.00元	

版权所有　违法必究

购买本社图书，凡字迹不清、缺页、倒页、脱页者，本社发行部负责调换

前　言

当前，伴随着大数据、云计算、人工智能、5G等新信息技术的兴起，信息化浪潮席卷着全球，以信息、知识和高新技术为特征的新时代已经悄然到来。在这个时代，"信息素养"也悄悄地映入了人们的眼帘，已经成为新时代衡量人才素质及综合能力的重要指标，提升师生信息素养、全面加强信息素质教育，成为实现教育现代化、建成教育强国的重要内容，对个体成长和社会发展具有非凡的现实意义。

信息素养这一概念最早是由美国信息产业协会主席保罗·泽考斯基于1974年在美国提出的，一经提出就受到世界各国的关注。信息素养是动态变化、不断演变的过程。2000年美国大学与研究图书馆协会（ACRL）理事会批准并发布《高等教育信息素养能力标准》，随着时代的发展，信息技术、高等教育的变化，《高等教育信息素养能力标准》已不再适用于高等教育信息素养指导。2015年ACRL发布《高等教育信息素养框架》，在该框架的指导下，各个高校既进行了信息素养教育理论性探索，又从教育内容、教育方式、教育评价等方面进行了实践性探索。

在新技术层出不穷、教育信息化高度发展的今天，信息素养的内涵更加丰富而复杂，从注重低阶信息素养的培养向注重高阶信息素养的培育转变。随着人工智能、大数据等新技术的普遍应用，职业教育的改革要求培养高素质技术技能人才，全面提高受教育者的素质，高职院校开展信息素养教育就显得非常重要。高职院校信息素养教育不仅关注对信息获取、加工、应用能力的培养，更加关注对学生发现、提出和解决问题能力的培养；不仅关注对知识的记忆、复述和理解能力培养，更加关注对学生的自主学习、建构和创造创新能力培养；不仅关注技能素养培养，更加关注学生的计算思维培养，以适应未来社会需要大量具有良好信息素养的创新型人才的要求。

本书在笔者十多年高职院校信息素养教育教学实践研究的基础上，吸取和借鉴国内外相关专家学者的研究成果，以信息素养的相关知识为基点，从高职院校信息素养教育课程标准出发，讲述不同场景下的信息检索技巧，结合信息素养教育在高职院校的实践，以及高职院校信息素养教育现状，最后提出了高职院校信息素养教育策略及培养路径。随着新技术及新环境下信息资源不断更新变化，高职学生信息素养能力会不断提升，高职院校信息素养教育中新教育理念、教学方法也会补充进来，以期能够为高职院校信息素养教育提供参考依据。

目 录

第一章 高职院校学生应具备的信息素养 1

 第一节 信息概述 1
 第二节 信息素养概述 5
 第三节 信息素养的评价标准 10
 第四节 信息素养教育 15
 第五节 高职院校信息素养教育的意义及作用 20

第二章 高职院校信息素养教育课程标准 23

 第一节 课程概述 23
 第二节 课程目标 25
 第三节 课程内容和要求 26
 第四节 课程教学方法 31
 第五节 课程教学环境 32
 第六节 课程考核标准 33
 第七节 课程教学设计示例 34

第三章 高职院校学生应掌握的信息检索技巧 36

 第一节 网络信息的搜索技巧 36
 第二节 学习场景下的信息检索 56
 第三节 创业场景下的信息检索 74

第四章 高职院校信息素养教育的实践 97

 第一节 基于线上的信息素养教育实践应用 97
 第二节 基于数字资源宣传推广的信息素养教育 111

第三节　开展多样化的信息素养教育实践..117

第五章　高职院校信息素养教育现状的调查研究.......................128
　　第一节　高职院校教师信息素养现状调查..128
　　第二节　高职院校学生信息素养现状分析..136
　　第三节　双高院校信息素养教育的调查研究..146

第六章　不同信息环境下高职院校信息素养教育策略................154
　　第一节　"互联网＋"思维下高职院校信息素养教育策略....................154
　　第二节　MOOC 环境下高职院校信息素养教育策略.............................160
　　第三节　新媒体环境下高职院校信息素养教育策略..............................166

第七章　数智时代高职院校信息素养教育路径探索...................172
　　第一节　数字校园下高职院校信息素养教育培养路径..........................172
　　第二节　大数据时代高职院校信息素养教育提升路径..........................179

附　录...185
　　附录 1　2023 年"中文在线杯"全国高职高专院校信息素养大赛
　　　　　　学生集训实施方案..185
　　附录 2　图书馆数字资源有奖问卷调查..188
　　附录 3　高职院校学生信息素养现状问卷调查......................................193

参考文献...198

第一章 高职院校学生应具备的信息素养

第一节 信息概述

一、信息的概念

信息无处不在。随着现代人类文明和社会的进步,信息已经成为时代的重要特征,它泛指人类社会传播的一切内容,它普遍存在于自然界、人类社会、宇宙乃至人类的思维活动中,不论人类意识到或没有意识到,它都存在。信息、物质和能量构成当今世界的三大要素,其内涵和外延在不断发展演变,渗透到了各个领域,对人类社会发展起到了重要作用。

(一)信息的含义

信息无时无刻都存在于我们生活中,它是物质存在的方式、形态和运动规律的反映形式和表现特征,它与物质同在,信息一词的基本含义是指消息、音讯传输和处理。随着时间的推移,人们研究信息的角度、领域与目的不同,有关信息的概念也在不断变化。由于信息一词具有广泛的意义,迄今为止,人们对信息的定义没有统一确切的结论,但对理解信息概念均有参考价值。

根据人们对信息的研究,科学的定义概括如下:

信息是用语言、文字、声音、图像、符号、数据或信号等形式,通过一定的载体或技术传递和处理,来表现各种相互关联的客观事物在运动中所具有的特征的总称。

(二)信息的特征

信息广泛存在于社会生活的各个领域,它作为一种可供利用的资源,来源于物质,但又不是物质本身,它是客观世界中各种事物运动与状态的反映,从信息的基本属性分析,信息的特征主要体现为以下几个方面。

1. 客观性

客观、真实是信息最重要的本质特征。信息是客观存在的事物，它的存储、传播依靠物质和能量，不管人们有没有感知，信息普遍存在于物质世界，其存在不以人的意志为转移。

2. 传递性

各种信息都具有经过信息载体向外传递的特性，只有通过传递才能实现其价值。可以通过语言、文字、图像、符号、电视、电话、通信卫星、计算机等形式，把信息从一点传到另一点，打破时空的限制。传递性是信息最基本的特征。

3. 依附性

信息不是物质，也不是能量，但它必须依附于一定的载体而存在。信息通过载体进行传递和存储。例如，你要通知别人信息，可以通过口述、书信，以及电视、电报、广播、报纸、传真、电话、微信、微博、网站等媒体。

4. 共享性

同一个信息在不同的载体间传播时，可以同时或不同时被多个用户获取、使用，而信息在传播的过程中并不因此而失去信息内容，信息的提供者和获得者共享使用。正是由于信息的共享性，新冠病毒的研究成果才可以全世界共享，进而共同抗疫、战胜病毒，让我们的人类生活回归正常。正是这一特性才使信息的价值得以充分表现。

5. 可塑性

信息在传播和使用过程中，可以被人们获取，进而可以对其进行加工、利用，也可以在不同的载体间转换，也就是信息可以从一种形式转换成另一种形式。例如，每年的央视春节联欢晚会，可以通过电视直播，也可以通过网络直播等不同的形式进行观看。

6. 时效性

随着科技和网络的发达，信息的使用周期越来越短，信息的时效性要求人们对其及时把握和运用。如果不能及时利用最新信息，信息的价值就会降低，甚至贬值，即时间与效用的统一性。信息的时效性使信息的价值发挥到最大。

二、与信息相关的几个概念

1. 数据

数据是客观事物属性的原始事实反映，是对客观事物的逻辑归纳，是用于表示客观事物的未经加工的原始素材。它可以指狭义上的数字，也可以指具有一定意义的文字、字母、数字符号的组合，图形，图像，视频，音频等，还可以是客观事物的属性、数量、位置及其相互关系的抽象表示。例如，"1、2、-3""晴、大风、abc""¥、+"等都是数据。数据经过加工后就成为信息。

数据是信息的表现形式和载体，数据和信息是不可分离的，数据是原始事实，信息是数据的内涵。数据本身没有意义，只有经过解释、运用，才成为信息。

2. 知识

知识是人们在改造世界的实践中获得的认识和经验的总和。知识是信息的一部分，它来源于信息。知识是人类对关于自然和社会积累的认识和经验的总结，它可以通过语言文字的记录、各种媒体的存储来供后人借鉴和学习。知识是通过实践、研究、联系或调查获得的关于事物的事实和状态的认识，是对科学、艺术或技术的理解，是人类获得的关于真理和原理的认识的总和。知识可以转化为信息，通过人们对客观事物的认识和理解知识又转换成各种需要的信息或者技能。

3. 文献

《现代汉语词典》中的文献是指"有历史价值或参考价值的图书资料"。1983年我国颁布的国家标准《文献著录总则》中文献指"记录有知识的一切载体"。这就是说，要想是文献，一必须有知识内容；二必须有存储保存知识的载体；三必须要记录。人类在改造自然和认识世界的过程中积累了大量的知识，通过记录或描述来存储或者传播知识的一切载体就是文献。

4. 情报

情报是指被传递的知识，是运用一定的载体，越过空间和时间传递给特定用户，用以解决科研、生产中的具体问题的特定知识和信息。情报来源于知识，是知识的再激活。随着社会的发展，出现了3种情报观的定义：军事情报、信息情报、知识情报。但不论哪种定义，知识性、传递性和效用性是情报的3个基本属性。也就是说，有用的知识经过传递交流被人们获得利用才能成为情报。

信息、知识、文献与情报之间存在包含关系，在一定条件下又可以相互转换。知识来源于信息，是系统化的信息，但信息不完全是知识。情报是被传递的知识，是那部分被激活的实用知识。文献是记录知识的载体，当记录的知识传递给用户，并为用户所用，就转化为情报。情报蕴含在文献之中，但并非所有文献都是情报，而情报一定是知识。

三、信息化发展环境

当今世界，信息技术日新月异，以数字化、网络化、智能化为特征的信息化浪潮蓬勃兴起。进入21世纪，人类迈入了信息化时代，信息将成为第一生产要素，同时将构成信息化社会的重要物质技术基础，激发网络经济新活力，向互联网索取更多的信息，导致传播速度加快，信息量增大，知识爆炸，进而要求人们加快学习速度。

信息技术深刻改变人们的工作、学习、思维、生活方式，促使科技不断进步。在人类的发展进程中，语言的产生是历史上最伟大的信息技术革命，是社会化信息活动的首要条件。文字的产生和印刷术的发明，使信息能够被记录、传递，使书籍、课本成为信息的载体，推动了知识的传播，以便后人进行学习。电信传播技术的发明，使信息越过空间和时间限制进行传播，从而能够跟五湖四海的亲戚朋友进行联系。电子计算机的广泛使用、通信卫星的发射升空及计算机网络系统遍布全球，使信息的收集、处理、存储、传递、应用等方面都达到了空前发达的程度。大数据、物联网、云计算、人工智能、移动智能终端、5G、移动互联网等新一代信息技术的广泛应用，给人类社会带来了巨大改变。全球共处一个网络村，只要入网，人人都能随时随地、轻而易举地提供或获取信息资源，足不出户可知天下事。新一代信息技术使人们在家也照样办一切事成为可能，居家办公、在线上课、网上看病、网络会议、网上购物等新的生活方式极大地推动着各行各业信息化发展。

随着信息技术的普及与发展，在信息化时代，信息的获取将进一步实现民主化、平等化，从而创造公平的社会。网络中所有的网民代表着一个符号、一个代码，或者一个信息点，没有等级区别，处在一种自由、平等和直接的交流平台中，信息传播无障碍，可以尽情地实现着信息的价值和共享着信息。

随着社会的进步、科技的发展、信息技术的提高，信息化已经走进每个人的生活，大数据、互联网、新媒体为大家的生活提供便利的同时，也使大家越来越离不开它们。它们极大地丰富了大家的生活方式、学习方式、思维方式、娱乐方式、交往方式和消费方式。聊QQ、逛微信成为人们交往沟通的主要手段，刷微博、看抖音成为人们娱乐休闲的主要方式，支付宝、微信使人们的购物越来越方便，消费也越来越大，人们也越来越依赖手机，总听到这么一句话"你一天到晚抱着个手机，跟手机过去吧！"事物都有两面性，信息化也不例外，它是一把双刃剑。因此，我们在享受信息化带来便利多彩生活的同时，要提高自身信息素养、网络素养，加强科学管理，培养良好的精神状态。

第二节 信息素养概述

一、信息素养的由来

当今世界是信息时代，无论经济、政治、文化，还是教育、生活、学习、工作，都与信息息息相关，具有良好的信息素养，能够有效地获取、分析、利用和处理所需的信息已经成为当今社会评价人才的最基本标准之一。信息时代下，信息资源作为生产要素、无形资产和社会财富异常丰富，如何利用和开发这些信息资源，对于企业的成功、国民经济水平的提高都是至关重要的因素。而信息素养则是影响人们获取、利用和开发信息资源的关键因素，它已经被列为世界七大核心素养之一，受到国际重视。

信息素养始于17世纪德国大学图书馆开展的有关参考书、学习技巧、图书馆使用指南等方面的讲座。

信息素养概念的酝酿始于美国图书检索技能的演变。首次提出是在1974年，美国信息产业协会主席保罗·泽考斯基率先提出了信息素养这一全新概念，概念一经提出，便得到广泛传播和使用。20世纪80年代，世界各国的研究机构纷纷围绕如何提高信息素养展开了广泛的探索和深入的研究，并得到重视和认同。国内于1984年、1985年、1992年相继发布了文献检索课专门指导文件。联合国教科文组织分别于2003年和2005年召开了两次以信息素养为主题的世界性大会，发布《布拉格宣言》和《亚历山大宣言》，指出信息素养和终身学习对人类发展的重要作用，至此信息素养得以在全球发展，促使各国政府将其纳入教育计划。为适应新的信息环境，顺应国际信息素养教育发展方向，支撑当前中国高等教育创新人才的培养，2018年3月教育部高校图工委信息素养教育工作组特制定《关于进一步加强高等学校信息素养教育的指导意见》，指出信息素养教育是高等学校培养高素质、创新型人才的必要环节。2018年4月，教育部印发《教育信息化2.0行动计划》，指出从提升师生信息技术应用能力向全面提升其信息素养转变。2021年11月5日，中央网络安全和信息化委员会印发《提升全民数字素养与技能行动纲要》，指出提升全民数字素养与技能，是顺应数字时代要求，提升国民素质、促进人的全面发展的战略任务。

二、信息素养的概念

"信息素养（information literacy）"的本质是全球信息化需要人们具备的一种基本能力。信息素养的概念是由美国信息产业协会主席保罗·泽考斯基最早提出的，其定义为：利用众多信息工具及主要信息源使具体问题得到解决的技能。1989年，美国图书馆协会对信息素养的概念又进行了重新概括，它包括"文化素养、信息意识和信息技能3个层面。具有信息素养的人能够判断什么时候需要信息，并且懂得如何去获取信息，如何去评价和有效利用所需的信息"。1992年，Christina Doyle利用Delph循环问卷的方法，在全美信息素养论坛的总结报告中将信息素养定义为："一个具有信息素养的人，他能够认识信息，确定对信息的需求，形成基于信息需求的问题，确定信息源，制定成功的检索方案，从各种不同的信息源中获取信息、评价信息、分析信息，将新信息与原有的知识体系进行融合，以及在批判性思考和问题解决的过程中使用信息。同时，信息素养教育还要注重知识的创新，而知识的创新需要通过对信息的加工来实现"。2003年，《布拉格宣言》指出信息素养是"确定、查找、评估、组织和有效地生产、使用和交流信息来解决问题的能力"。随着信息技术和信息社会的发展，信息素养受到越来越多的国家和组织的重视，以信息素养或者信息能力为关键词的研究逐渐增多，理论研究逐步完善，它的内涵和外延不断得到丰富和拓展。

二、信息素养的内容

信息素养实际应该是信息文化。信息素养是一种综合能力，其涉及各方面的知识，是一种特殊的、涵盖面很广的能力，它包含人文的、技术的、经济的、法律的诸多因素，它和许多学科有着紧密的联系。概括起来，信息素养包括关于信息和信息技术的基本知识和基本技能，即信息知识，具有高效利用信息资源和信息工具获取甄别信息、加工处理信息、传递创造信息的能力，还要具有独立自主学习、终身学习的态度和方法，具有获取新信息的意识，并将它们用于解决实际问题，同时遵循信息伦理道德。具体来看，信息素养的构成要素应该包括信息意识、信息知识、信息能力、信息伦理几个方面内容，表现为：①对信息具有敏锐的洞察力，对需要的信息有自我获取、分析和判断的意识；②了解关于信息的概念、内涵、特征、信息组织的基本理论等方面的基础知识，掌握关于信息技术、信息系统的构成及工作原理等信息技术知识；③能够有效地、高效地获取信息，熟练地、批判地评价信息，精确地、创造性地使用信息，具有运用信息知识解决各种实际问题的能力，并且具有独立学习和终身学习的能力；④人们在从事信息活动时还应遵循行为规范和准则。

四、信息素养的特征

信息技术的发展促使非物质化经济崛起，世界经济正转向非物质化发展，正加速向信息化迈进，人类已进入信息化时代。21世纪是高科技时代、航天时代、"互联网+"时代、大数据时代、云时代、5G时代等，但不管怎么称呼，21世纪的一切事业、工程都离不开信息，从这个意义上来说，称21世纪是高度信息化时代更为确切。

在信息化时代，物质世界正在隐退到信息世界的背后，各类信息组成人类的基本生存环境，对人类的生活、思维等方方面面都产生了影响，已与人们的日常生活密不可分。虽然信息素养在不同层次的人们身上体现的侧重面不一样，但概括起来，它主要具有以下的特征：①捕捉信息的敏锐性；②筛选信息的果断性；③评估信息的准确性；④交流信息的自如性；⑤应用信息的独创性。

五、信息素养的相关素养

（一）数字素养

随着数字经济的发展，全球已经加速步入数字化社会，数字素养已成为数字化社会的核心素养，是人们生存的基本能力，是新时代人们生活的首要技能。随着数字化时代的到来，信息素养的内涵更加丰富，信息素养的内容得到了延伸，还应包括数字化技能的掌握和应用，以及适应数字化环境的能力（即数字素养），两者相互关联又相互促进。按照以色列学者 Yoram Eshet Alkalia 提出的数字素养概念的框架，"数字素养就是指在数字环境下利用一定的信息技术，快速有效地发现并获取信息、评价信息、整合信息、交流信息的综合科学技能与文化素养"。随着数字技术的进步和数字化社会的发展，数字素养的内涵在不断丰富和拓展。人们为了适应数字化社会的发展，必须具备数字资源的使用和研发能力。数字素养的内涵主要包括数字获取、数字交流、数字创建、数字消费、数字安全、数字伦理、数字规范、数字健康等 8 个方面。我国发展改革委发布了《关于发展数字经济稳定并扩大就业的指导意见》，对于数字化人才教育给出了明确指导意见：到 2025 年，国民数字素养达到发达国家平均水平。数字素养是数字化社会对高职学生提出的新的要求。

（二）计算机素养

计算机是人类最重要的信息处理工具，能够对人类的生产生活产生极其重要的影响。计算机已遍及学校、企事业单位，并进入寻常百姓家，成为信息化社会必不可少的工具，具备计算机常识和掌握计算机应用技能是信息化时代对高职学生的基本要求。所谓计算机素养，就是要了解计算机文化，掌握计算机应用技能，同时还要具备不断学习新技能的能力，能够合理善用人工智能这样的革命性技术，遵守使用计算机的伦理道德规范。计算机素养是信息素养的重要组成部分。

（三）网络素养

网络素养是随着互联网的发展而产生的，又称作数位素养，即运用电脑及网络资源来定位、组织、理解、估价和分析信息的能力。在信息技术和移动互联网高速发展的当下，网络素养是一种应对互联网时代的基本能力。从要了解互联网的基本工具，如搜索引擎、电子邮箱，到能分类、整理和辨别互联网信息，再到参与互联网共建，不光是一种基本的技能，也包含了具备技能后在一定意识下做出的复杂行为，网络素养是与网络相关的综合能力的体现。网络素养包括了 4 个层级的内容。层级 1：知识技能，最基本的是网络的知识和技能。例如，是不是了解互联网的精神和革命，会不会使用搜索引擎，会不会使用微信、微博等社交工具。需要具备这样基础的网络知识和基本的互联网工具使用技能。层级2：信息识别。例如，能不能甄别网上的真假信息，当面对信息疫情时，是否能冷静下来客观分析？即在能够使用基础工具的基础上，对信息有分辨和识别的能力，且具备互联网责任。层级3：参与协作，能够成为网络的连接者和内容的创造者，参与网络信息的共建，即能够在互联网世界中学会分享和连接他人，同时能够与更多人联系交流，参与互联网社区的共建。层级4：智慧网络人，能够熟练使用互联网，且能在虚拟和现实的交互中利用互联网来解决复杂的现实问题。这也是未来信息化时代每个人的竞争力所在。

（四）媒介素养

随着大众传媒，特别是新媒体的广泛应用，人们越来越多地通过媒介获取信息、传播知识，那么人们如何正确地判断和评估媒介信息的意义和价值，有效地创造和传播信息，涉及的就是媒介素养。在新媒体时代，媒介素养被认为是当今大学生必备的基本素养，也是现代教育不可缺少的重要内容。

媒介素养的定义有很多。概括来说，所谓媒介素养就是指正确地、建设性地享用大众传播资源的能力，能够充分利用媒介资源完善自我，参与社会进步。主要包括4个方面：公众利用媒介资源动机、使用媒介资源的方式方法与态度、利用媒介资源的有效程度、对传媒的批判能力等。

随着微博、微信、短视频等各式新兴媒体的出现，人们使用媒介的方式发生了变化，手机已经成为大学生日常生活中使用频率最高的媒介，国内开启了新媒体时代、融媒体时代、"微"时代背景下媒介素养的研究。媒介素养跟个人获取信息的能力、媒介的使用方式、媒介的时代特征和传播方式等方面的内容有关。

综上所述，媒介素养包括4个要素：了解基础的媒介知识及如何使用媒介、学习判断媒介信息的意义和价值、学习创造和传播信息的知识和技巧、了解如何使用大众传媒发展自己。媒介素养不仅包括接受媒介信息的能力，而且包括用独立的、批判的眼光看传播媒介的内容和建设性地利用媒介的能力。媒介素养不仅是使用媒介的需要，还应该是一个现代社会公民素质的一部分。

（五）数据素养

大数据会在新时代影响经济和社会生活的方方面面，数据越来越多地介入各个领域，已经成为一种势不可挡的进步趋势，因此，大数据时代人们需要培养一种新素养，即数据素养，才能适应时代的需要。所谓数据素养，就是要了解数据的意义和价值，具有利用数据的意识和基本能力，同时拥有大数据思维，利用数据的相关性去认识世界，从大数据中直接找到人们所需要的答案。所以说数据素养是具备数据意识和数据敏感性，能够有效且恰当地获取、分析、处理、利用和展现数据，并对数据具有批判性思维的能力，它是对统计素养和信息素养的延伸和扩展。作为新时代最重要的原材料，数据就是未来的新"石油"。因此，作为新时代的大学生，数据素养必不可少，而且如果具备数据素养，就可能让我们从纷繁复杂的数据中辨别出正确的信息，从而取舍判断，做出正确的决策。

（六）图书馆素养

图书馆是搜集、整理、收藏文献资料以供人阅读、参考的机构，早在公元前 3000 年就出现了图书馆，图书馆有保存人类文化遗产、开发信息资源、参与社会教育等职能。图书馆是文献信息资源的集散地、是传播文献信息资源的枢纽，被誉为"知识的宝库""知识的喷泉""大学的心脏"，可以向读者提供文献信息服务，为读者提供免费的空间、免费的服务、免费的资源，提供最完备的学习场地和设备。所谓图书馆素养就是要有利用图书馆的意识，了解并利用图书馆的文献和知识，探索获取文献资源的过程和方法，掌握进行终身学习所必需的技能，同时要遵守图书馆的行为规范与道德伦理。图书馆素养是大学生素质教育中很重要的一部分。

（七）元素养

元素养是指学生作为信息消费者和创造者，成功参与合作性领域所需的一组全面的综合能力，它为大家开启了信息素养的全新愿景。元素养要求从行为上、情感上、认知上及元认知上参与到信息生态系统中。

第三节　信息素养的评价标准

一、国外信息素养标准

信息素养标准是评价一个人信息素养能力的一种指标体系，针对个人信息素养能力表现及学习成果来进行评价，同时也是指导信息素养教育实践的一个行动指南。在世界各地的信息素养教育中，信息素养标准的制定和实施受到了各国的重视，不同层次和不同教育阶段都制定了相应的标准，并随着信息技术的进一步发展，信息素养标准也在不断改进与更新。国外关于信息素养标准的研究与制定起步要早于我国，总体来说，欧美国家的信息素养标准已经研制得相当成熟与完善，有许多值得我们学习与借鉴的地方。

在制定信息素养标准方面，以美国为代表的信息技术发达国家根据不同教育层次和不同教育阶段，针对不同要求的培养对象制定了一系列信息素养标准，如针对美国中小学生而制定的《学生学习的信息素养标准》、针对大学生而制定的《高等教育信息素养能力标准》、针对高等院校科学技术领域学生而制定的专业信息素养标准——《科技信息素养标准》，反映了美国的信息素养教育从基础教育阶段到高等教育阶段，再到专业教育阶段的连续性和系统性特点，使每个教育阶段的学生都得到相应的培养。此外，还有一些与信息能力相关的技术素养标准。例如，为了适应数字化环境的发展，美国还制定了信息与通信技术（ICT）素养标准。多样化标准的制定和广泛使用，反映了美国信息素养教育普及化和正规化的程度。其中，最主要的两个信息素养标准是《高等教育信息素养能力标准》和《高等教育信息素养框架》。

（一）《高等教育信息素养能力标准》

2000年，美国大学与研究图书馆协会（ACRL）发布了《高等教育信息素养能力标准》（*Information Literacy Competency Standards for Higher Education*），该标准为高等院校信息素养教育评价提供了指南，它延伸和扩展了美国图书馆协会的《学生学习的信息素养标准》，提供了与中小学信息素养教育的结合，也更侧重于信息获取、评价和信息创新能力的培养，为高等院校的教师、图书馆员、行政管理人员明确了培养学生信息素养的目标，为评价学生信息素养能力提供了具体的指标，为大学生提供了一个如何处理和使用信息的指南和框架。《高等教育信息素养能力标准》分为3个板块，即标准、执行指标和学习成果，包含了5项能力标准、22项表现指标、87项成果指标。5项能力标准侧重于能力，分别针对不同水平层次的高等院校学生需要。每个能力标准又包括几个表现指标，各个表现指标又细化为一系列成果指标，以此来评价学生在信息素养上取得的成果。成果指标比较具体，可操作性相对较强，根据成果指标可以衡量和制定学生学习的方法，从而让学生认识到培养自己超认知学习方法的必要性，并使他们明确收集、分析和使用信息所需要的行动。

《高等教育信息素养能力标准》从标准类目到表现指标、成果指标，概括了学生提高信息素养水平应该具备的技能和成效，其是循序渐进的，是从抽象、笼统到具体、可操作的，是按照信息技能执行顺序的逻辑结构编排的。在实际操作过程中，可以分几个阶段选择实施，是美国高等教育信息素养教学的纲领性文件。

（二）《高等教育信息素养框架》

ACRL于2015年2月正式颁布《高等教育信息素养框架》(简称《框架》)。《框架》的颁布为高等教育信息素养领域既带来了机遇也带来了挑战，引起了国内外学者的关注，既有基础理论研究，也有实践探索，对国内外信息素养教育实践具有重要的理论研究意义和实践指导意义。《框架》的基础理论包括阈概念和元素养。阈概念是指各学科领域内的一些核心、基础概念或者门户概念。元素养是指学生作为信息消费者和创造者成功参与合作性领域所需的一组全面的综合能力，包括行为、情感、认知与元认知四大要素。借鉴阈概念和元素养，《框架》提出"权威信息的构建性和情境性""信息创建的过程性""信息的价值性""探究式研究""交流式学术研究""战略式探索性检索"六大阈概念，每个阈概念又从知识技能和行为方式两大元素展开。其中，"知识技能"体现了学习者增强对阈概念理解的能力。"行为方式"指处理学习过程中的情感、态度或评价的方式。《框架》元素养学习目标主要包括以下几个方面。

目标一：批判性地评估信息内容，包括持续变化及演变的动态网络内容，如预出版文献、博客等；

目标二：结合变化的技术环境理解信息伦理、知识产权及个人隐私问题；

目标三：在多种参与式环境中共享信息并开展合作；

目标四：将学习和研究策略与终身学习过程、个人、学术及职业目标相连接。

总之，《框架》是一个指引高等教育机构信息素养课程发展的机制，能够挖掘信息素养教育的巨大潜能，使其成为更有深度、更加系统完整的学习项目，并促进通识教育及专业学习中与信息相关的关键概念的探讨。

二、国内信息素养标准

国内对信息素养标准的研究起步较晚，目前尚未形成统一的评价指标体系。我国的专家、学者在借鉴、参考国外的信息素养标准的基础上，也制定了一些信息素养标准。例如，王林霞等针对高职学生这一群体构建了基于信息活动过程的高职院校学生信息素养评价标准，由6个一级指标和18个二级指标组成。陈文勇等根据信息素养能力的分类和确定的信息素养核心能力，制定了高等院校学生信息素养能力标准，设定了9个能力标准，是大学生毕业时评价其信息素养能力的一个指标体系。黄晓斌从信息素养的目标结构理论和过程结构理论出发，结合新环境下的信息技术特点和信息环境特点，以及大学生的实际情况，采用专家调查法和层次分析法，最终确定了新环境下大学生信息素养评价指标，初步建立了一套由4个一级指标和19个二级指标构成的体系。李毅等专门针对师范生研究了教育信息化2.0时代下信息素养评价指标体系，内容包括"基本信息素养""支持学习的信息素养""支持教学的信息素养"3个一级指标，"信息意识与需求""信息道德与安全""信息知识与技能""科学精神""学会学习""研究创新""教学信念""教学技术"和"教学整合"9个二级指标，以及27个观测点，为师范生信息素养的未来培养目标与方向提供了新的思路。王莹在阐释军队院校本科生信息素养的内涵及基本框架的基础上，设计和构建了我国军队院校本科生信息素养标准，包括5个一级指标、若干个绩效指标，每个绩效指标下又有若干个指标描述，形成由宏观到微观，由抽象、笼统到具体、可操作的3个层次。于琦依据研究生教育培养目标和自身特点，在Web2.0环境下，构建了研究生信息素养评价指标体系，由4个一级指标、14个二级指标、40个三级指标构成。

2003年由清华大学图书馆主持、北京航空航天大学图书馆等单位共同承担的科研项目"北京地区高校信息素质能力示范性框架研究"经过为期两年的探索取得初步成果。2005年，北京高校图工委发布《北京地区高校信息素质能力指标体系》，这是国内第一个比较完整、系统的信息素养能力评价体系，由7个一级指标、19个二级指标和61个三级指标构成。各级指标的设置在借鉴ACRL的高等教育信息素养能力标准的基础上，更加具体、更加细化了，指标体系是通用层次的，适用于任何学科。2008年，为了适应信息素养教育新情况变化，高校图书馆工作委员会信息素养专家在《北京地区高校信息素质能力指标体系》的基础上，制定颁布了《高校大学生信息素质指标体系（讨论稿）》。这一指标体系的制定，为培养大学生信息素质工作提供了重要的参考依据。2016年，教育部高等学校图书情报工作指导委员会信息素养教育工作组人员针对《关于进一步加强高等学校信息素养教育的指导意见（草案）》，为新信息环境下中国高校信息素养教育指出新的方向。

三、国内外标准研究比较分析

通过对国内外相关信息素养标准的研究，发现国内外信息素养评价指标体系既有相同之处，也存在着基于各国国情和实际情况的差异。

（一）相同之处

①信息素养评价标准框架结构基本相同，无论国内还是国外，评价指标体系基本都是由标准或者维度（一级指标）、表现指标（二级指标）和成果指标（三级指标）这3级具有层次关系的指标构成。一级指标大多数都是从信息素养的内涵出发，对信息素养的维度做出总体的划分；二级指标或三级指标则是对上级指标的进一步细化和阐述。指标体系层层展开，由抽象到具体，最终构建出一个庞大复杂的指标体系，指标的层级之间具有明显的逻辑性和层次性。

②指标体系的核心内容大致相同，就目前各国发布的权威的、系统的、认可度较高的、有影响力的信息素养评价指标体系来看，它们有着相同的核心内容，大致概括为信息意识、信息知识、信息能力、信息伦理等4个方面，只是各指标体系的语言表述不同而已。

③信息素养标准与具体的信息素养培养模式和评价相互分离，可操作性较差。

（二）不同之处

①评价指标体系的成熟度不同。国外尤其是欧美信息素养的研究起步比较早，其标准体系已经相当成熟和完善。例如，美国《高等教育信息素养能力标准》已在美国本土、世界各大洲得到广泛的认可和使用。相对国外而言，我国信息素养评价指标体系的研究起步较晚，甚至到目前还没有一个统一的、权威的信息素养评价标准。

②评价指标体系的体系架构不同。国外的评价指标体系多以过程结构为维度展开，从信息用户需求信息的全过程出发构建指标体系，将一级指标划分为信息需求表达、信息获取、信息评价、信息创新和信息道德等。例如，美国《高等教育信息素养能力标准》就是过程结构式体系架构。国内的评价指标体系主要以信息素养目标为维度展开，从信息素养的培养目标出发构建指标体系，将一级指标划分为信息意识、信息知识、信息能力和信息伦理等。例如，《北京地区高校信息素质能力指标体系》就是目标结构式体系架构。

③评价指标体系的研究制定人员不同。国外主要是享有很高威望的专业

机构、图书馆协会或图书馆委员会，在广泛采纳各学科专家意见的基础上合作研究。而国内，当前信息素养评价指标体系的研制主要集中在部分学者或者专家的个人研究阶段，没有专门的研究机构来进行标准的研制。

④国外将信息素养评价指标与特定学科结合，提出针对特定学科的信息素养评价指标体系，如《科技信息素养标准》。国内将信息素养评价标准与特定人群结合，提出针对特定人群的信息素养评价标准，如针对高职院校学生、大学生、师范生、研究生等特定人群制定的信息素养评价标准，还有结合信息环境，如新技术、Web2.0、大数据环境，构建的信息素养评价标准。

通过比较国内外信息素养评价指标体系的异同点，考虑到国内外信息素养评价对象的差异性，在借鉴国外成熟和完善的信息素养评价标准的基础上，如何来构建一套符合我国国情的有层次的信息素养评价指标体系，为不同层次人群的信息素养教育提供指南，是目前国内图书馆机构或者专业机构下一步的研究方向和课题。

第四节 信息素养教育

一、信息素养教育的含义

信息素养作为信息时代社会公民必备的基本素养，是世界七大核心素养之一，各国政府、教育界已将信息素养教育纳入人才培养体系，受到教育领域、图书馆学领域的高度重视，国际教育组织、各国政府和教育部门纷纷出台推行和实施信息素养教育的文件和纲领。

美国早在20世纪70年代就开始研究信息素养的相关内容，也是最早实施信息素养教育的国家，联合国教科文组织（UNESCO）也一直致力于信息素养教育的推广和普及，而我国大学生信息素养教育则在二十世纪八九十年代开始提上日程，但有关信息素养教育的含义教育界和图书馆界还未达成共识。信息素养教育的概念最早起源于图书馆用户教育，指对用户信息查询、获取、评价和使用能力的一系列社会教育和培训活动。主要是：树立受教育者的信息意识；培养其获取信息、利用信息的能力；使其成为独立的自学者，具备终身学习的能力；使其能在复杂的信息环境中具有批判思维，具有高尚的信息道德伦理情操。学者皮介郑认为"信息素养教育是以提高个人的信息素养为目的,强调人的个性全面发展的一种教育活动"。赵静等研究者认为"信息素养教育是指全面发展人的信息素养,培养新世纪信息素养人的教育"。信息素养教育的研究者们都认为要培养人的全面发展的信息素养,"全面"一词表明信息素养不仅包含基础知识、能力、技能等学术层面的基础信息素养,还应包括人文层面的元素养和创新素养。"发展"一词表明信息素养教育还要培养终身学习、独立学习的能力,从而提高每一个教育者的信息素养水平。

总而言之,当今高职院校的信息素养教育已经不能只局限于传统文检课,而是要通过提升学生的信息技术、数字技能、知识水平,不断增强获取信息的敏锐性和洞察力,提高利用、评价信息的能力,加强其社会责任感、法律意识、知识产权意识与信息道德感,并促使其养成终身学习的习惯。

二、国外的信息素养教育

(一)理论方面

美国是最先研究信息素养的国家,1974年,美国信息产业协会主席保罗最先提出了信息素养的概念。1985年,美国政府各类相关组织开始关注和重视信息素养教育。1989年,ACRL在总结报告中提出信息素养概念,并被广泛应用。2000年,ACRL发布了《高等教育信息素养能力标准》,随后第二年,该标准获得了美国高等教育协会的认可,使得该标准成为高等教育行业的标准,自此信息素养教育开始在各国推广,该标准作为信息素养教育的重要文献被传阅。

为了使信息素养教育更加有效开展,ACRL又发布了一系列的文件,如《信息素养教学目标:供高校图书馆员参考的范本》《信息素养计划最佳实践特征:指导方针》《高校图书馆教学计划指导方针》等,这些文件的发布为高校管理人员和图书馆员在信息素养教育方面提供了帮助和指导。而在1997年,英国国家与大学图书馆协会(SCONUL)就开始了信息素养教育的研究工作,1999年发布了《信息素养七支柱》报告,描述了信息素养的模型,认为信息素养包括:①明确信息需求;②辨别信息源;③设计检索策略;④检索与获取信息;⑤比较和评估不同信息源的信息;⑥组织、应用及交流信息;⑦分析、综合、创造知识。2004年,澳大利亚和新西兰信息素养学会联合发布了《澳大利亚和新西兰信息素养框架》,它基于美国ACRL的《高等教育信息素养能力标准》,但对信息素养能力做了补充:要高效利用信息来学习、创造新知识,解决实际问题并做出决策,能够利用信息和知识承担起公民角色及社会责任,并把信息素养当成独立学习和终身学习的一部分。2015年,ACRL颁布了《高等教育信息素养框架》(简称《框架》),开启了信息素养教育的新途径。《框架》指出,高等教育环境瞬息万变,人们赖以工作和生活的信息生态系统也呈现出活跃而无定性的特点,倡导培养学生批判性思维,从强调信息获取技能转向对信息批判和评估能力的培养,鼓励教师在设计时着力信息、研究与学术的融合,不再限定信息素养教育具体教学内容,而是突出元素养的内涵,鼓励图书馆员与专业教师的跨领域合作。《框架》还增加了两个元素,即知识技能和行为方式,阐明了与这些概念相关的重要学习目标,为今后各种形式的信息素养教育明确了方向。

随着信息技术和互联网的发展,国外的信息素养教育形式也正在丰富和发展中,由20世纪50年代初期开设的传统文献检索课单一的教学模式向网络化、数字化的在线信息素养教育转变;教育培养的重点由各专业信息源的利用向培养学生终身学习能力和批判性思维转变;教育研究者由起初的图书馆员转向图书馆员与教育界专业教师的跨领域合作,也即现在的嵌入式信息素养教育。

(二)实践方面

最近几年,国外高校大多数都是根据《框架》,结合各自的信息素养现状,出台信息素养教育的指导类文件,开启信息素养教育的调整与变革。例如,北欧一些发达国家在《框架》的指导下,制定了符合自身国情的信息素养教育指南和规划。其中,最具代表性的有美国的德克萨斯大学图书馆的信息素养教育指南、美国斯坦福大学图书馆的在线信息素养教育指南、美国圣路易斯华盛顿大学等6所大学出台的图书馆战略规划文件、美国俄勒冈大学虚假新闻与信息素养研究指南、澳大利亚昆士兰科技大学的指南、英国剑桥大学的《剑桥大学信息素养框架2018》、英国南威尔士大学《信息素养框架2019》和美国爱丁堡大学的《数字技能框架》。可以看出,国外这些高校都在规划和指南中重点强调学生批判性思维培养、数字化学习与嵌入式教学、资源探索与评估、信息共享与知识创新、终身学习与阶段计划、参与社区学习与图书馆员合作、遵循信息伦理和信息道德等,从而全面提升信息认知的培养、信息行为的塑造,不断增强信息共享和创新能力。

国外高校开展的信息素养教育以培训、讲座、课程为主,国外高校更关注信息素养教育与学科教育的融合,多为嵌入式信息素养教学。例如,华盛顿大学推行信息素养学习社区计划,提倡教师在课程中嵌入信息素养的教学内容，与图书馆员合作修改课程设置、教学大纲，共同研究特定的课堂设计内容等；南伊利诺伊大学爱德华兹维尔分校和南加州大学都提出鼓励学科教师和图书馆员深入合作，确定各学科信息素养教学内容，进行嵌入式课程设置，提升学生信息素养教学成效，确保信息素养教学的有效性。在培训讲座方面，国外高校举办频率高，长短期培训相结合，采用渐进式方式，更多关注学生的成长成才，不仅开展学习与科研培训，还开展求职、就业、心理健康等方面的讲座。例如，斯坦福大学、加州理工学院等高校举办了求职就业的讲座，从职业选择、面试技巧、行业资源检索等方面提供就业指导。

总之，国外高校普遍重视信息素养教育，制定了信息素养教育的规划、框架、指南类文件，信息素养教育已逐渐走向规范化、定期化、动态化，内容更加强调学生信息认知的塑造、信息行为的培养、知识创新和终身学习能力的培养，对我国高校信息素养教育的规划指南制定和实践推行都有重要的借鉴作用。

三、国内的信息素养教育

（一）理论方面

国内信息素养的研究起步要比国外晚，晚了大约 20 年，但也没有一个统一的认识。具有代表性的是祝智庭教授在其《信息素养：信息技术教育的核心》一文中的解释，信息素养是思维、决策、问题解决和交流的基础，是不同维度的文化的体现、综合能力的基础。国内高校的信息素养教育最初是以文献检索课的形式开展的，最初的萌芽可以追溯到 20 世纪 30 年代，浙江大学开设"杂志报告课"，向学生讲授文献知识，直到 20 世纪 80 年代文献检索课才在我国大规模普及。随着信息技术和互联网的发展，信息资源激增，文献检索课的传统教学方法已经满足不了大部分高校的需求，在课程设置方面也不能满足师生的要求。国内有学者提出改革"文献检索与利用"课程体系，将课程放到"信息科学""信息时代"这一大背景中去，课程将得到空间发展。徐建华从社会现实与发展需要出发，提出重构整个课程体系，用"现代信息检索与利用"课程取代原有的"文献检索与利用"课程。进入 21 世纪，随着网络数据库、各类电子资源库的构建，各大高校数字资源量猛增，文献检索课又更名为"数字信息资源检索"或者"信息检索与利用"。

教育部 2002 年颁布了《普通高等学校图书馆规程（修订）》，总则第 3 条明确规定，高等学校图书馆 5 项主要任务之一就是"开展信息素质教育，培养读者的信息意识和获取、利用文献信息的能力"。这份指导文件是国内首次对大学生信息素养教育问题做出的明确规定。同年,"全国首届信息素质教育学术研讨会"在黑龙江大学召开。大会上决定将"文献检索课学术研讨会"更名为"信息素质教育学术研讨会",表明图书馆的用户教育开始迈向信息素质教育。2015年12月31日,教育部印发《普通高等学校图书馆规程》,明确规定了图书馆应全面参与学校人才培养工作,充分发挥第二课堂的作用,采取多种形式提高学生综合素质。图书馆应重视开展信息素质教育,采用现代教育技术,加强信息素质课程体系建设,完善和创新新生培训、专题讲座的形式和内容。

通过调研发现,国内大部分高校为了更好地实现信息素养教育都开设了大量的嵌入式课程,课程设置上主要是围绕信息检索技巧、信息素养培养、学术论文写作等主题,部分高职院校结合视频、微课、MOOC等出现了在线信息素养教育模式。为了培养学生自主学习的能力,培训和讲座的内容也在不断丰富和变化,甚至新生入馆教育采用微视频、游戏闯关的形式,让每个新生都能充分上好大学的第一堂课,对图书馆有所了解和认识。

(二)实践方面

国内大部分高校起初的信息素养教育都是以文献检索课的形式开展的,随着教学体系的改革和信息化的发展,培养大学生自主学习、科研创新和终身学习的能力成为信息素养教育的目标,很多高校意识到培养单一检索能力的文献检索课已经不能满足新的教育发展的需要,开始向提升师生信息素养的培养转变。高校图书馆开展了一系列讲座活动。例如,北京大学图书馆开展了"一小时讲座"和中国书史系列讲座;中国人民大学图书馆为了帮助读者更好地了解、利用图书馆,提升个人信息素养能力,开展了多层次、多形式的专题活动,如"图书馆资源与服务利用"系列专题讲座。高校在信息素养教育课程方面也进行了改革,清华大学针对本科生开设了"图书馆概论",面向人文与社会科学及艺术专业的本科生开设了"文献检索与工具书利用",另有3门课程为研究生开设。随着信息技术和互联网的发展,大数据、云计算、移动互联网为人们的工作、生活提供方便的同时,也提升了人们获取信息的效率,推动了在线信息素养教育的发展,出现了网络教学平台、MOOC、微课堂。清华大学MOOC在线课程"信息素养——学术研究的必修课"、武汉大学MOOC珞珈在线"学术道德与学术规范"、中国人民大学的人文社会科学信息检索课、北京师范大学图书馆通过图文、视频等多形式推出的信息素养微课堂等，都旨在提升资源的利用效率和读者的信息素养能力。基于游戏的学习能更好地吸引师生了解图书馆，尤其针对新生，国内还有以游戏形式进行的信息素养教育。例如，北京大学信息素养手机游戏《图书馆的初遇》针对新生和对图书馆不太了解的师生、《疯子的计划》针对熟悉图书馆和经常利用图书馆的师生；清华大学图书馆推出《书之密语》和《排架也疯狂》等在线游戏。

在一些高职院校，也同样开设了信息检索课程，并开展了培训讲座、游戏闯关等信息素养教育活动。例如，北京电子科技职业学院图书馆举办系列培训讲座——毕业设计（论文）撰写规范；陕西工业职业技术学院图书馆新生入馆教育中工小图给小萌新的借书tips（手绘版）是一份非常惊喜的借阅图书指南；在中国大学MOOC上，南京信息职业技术学院开设"文档处理与信息检索"课程；成都航空职业技术学院开设的"文献信息检索与利用——让你成为行走的搜索引擎"成为国家精品职业教育课程。总之，国内信息素养教育发展较晚，大多都是借鉴和模仿国外高校，但国内高校也在不断探索适合我国师生的信息素养教育模式，取得了丰厚成果，效果良好，相信信息素养教育会在国内蓬勃发展。

第五节　高职院校信息素养教育的意义及作用

一、高职院校进行信息素养教育有利于高职学生自我发展

随着信息技术的快速发展，当代社会对人才的要求越来越高，信息已成为人类社会发展的驱动力，人们越来越重视对信息资源的有效开发和利用。而高职学生普遍专业水平较低，专业素养不够高，信息技术掌握不够全面，对信息灵敏度不够，获取能力不足，只有培养高职学生良好的信息意识、获取信息能力、自学能力和创新能力，才能使其适应现代信息技术的迅猛发展。通过信息素养的培养，使高职学生了解信息检索的基本知识，具备一定的信息意识、信息知识、信息能力与信息道德；掌握网络检索工具、常用数据库及相关的操作方法，能在毕业论文撰写时搜集资料；能够利用检索技巧快速准确地查找行业动态、发展趋势，及时关注就业信息；树立合法获取信息的意识，并对丰富的信息具有良好的分析与辨别能力；能基于批判性思维

利用信息解决实际问题。所有这些都有助于增强高职学生自主学习的意识、主动学习的能力。因此，培养高职学生的信息素养对他们个人自我发展非常重要。

二、信息素养教育是高职学生终身学习的基础

新时代，信息素养作为一种能力素质，是终身学习的核心，是开展自主学习的基础，也是一个人在信息时代学会学习的主要标识。"未来的文盲不再是目不识丁的人，而是没有学会学习的人"，终身学习已然成为人们生存和发展的基本需要，而信息素养则是人类在信息社会中立足的必备能力，也是人们达到终身学习的一个关键能力。

倡导终身学习、构建终身教育体系与建立学习化社会的实践热潮正在我国掀起，而信息素养教育正是实现这一目标的最大推手。信息素养作为终身学习的基础和促进因素，它是所有学科的学习都需要的。拥有信息素养，不仅能使学习者更好地掌握学习内容，拓展研究范围，而且能使学习者对自己的学习进行自我指导和自我控制，也就是终身学习所强调的"自我导向学习"。信息素养与终身学习被写进了《布拉格宣言》和《亚历山大宣言》中，可见其重要性。

具有信息素养的人不仅懂得如何学习，而且具有终身学习的意识、习惯和能力。只有培养高职学生具有自主学习的能力，才能把学习贯穿于一生，即活到老学到老。据不完全统计，一个人在学校接受的正规教育所学到的知识内容只占其一生所需知识的10%左右，而其余的90%都是在工作和生活中通过自主学习而获得的，自主学习能力的获得和信息素养能力密切相关。这是一个知识爆炸、信息猛增的社会，受教育者不再是一个只会吸纳大量事实性信息的人，而是一个知道如何检索、评价和利用信息，如何将信息转化为知识并不断更新知识的人。

高职学生只有会学习，且不断地学习和更新知识，才能在将来的工作和生活中生存和发展。一个人一生的学习轨迹应该是学前教育—学校教育—信息素养教育—获得学习技巧和能力—自主学习，最重要的是学会自主学习。学校教育是培养终身学习者的基础，高等教育帮助大学生构建学习框架，获得学习能力，而信息素养是这种学习能力培养的一个关键能力构成，信息素养能力把学习延伸到课堂之外，获得终身学习技能和方法，之后就能自主地学习，就能在未来从事的工作中，根据自己的特定需求，知道去哪里查询信息，从而寻求知识真谛，不断探索问题的解决方法，进而经过评价和分析，

得出自己的见解和观点，创新工作方法。信息素养已经成为高职学生取得成就的必备能力，使其接受良好的信息素养教育，培养其信息素养能力，是他们终身学习的基础，也是建设学习型社会的基本保障。

三、信息素养教育有利于培养高职学生创新创业能力

2014年9月，李克强总理在夏季达沃斯论坛上提出"大众创业、万众创新"，掀起了创新创业的浪潮，2015年"大众创业、万众创新"被写入《政府工作报告》，进一步做了阐释。2018年9月18日，国务院又下发《关于推动创新创业高质量发展打造"双创"升级版的意见》，提出要强化大学生创新创业教育培训。在全国高校推广创业导师制，把创新创业教育和实践课程纳入高校必修课体系，支持高校、职业院校（含技工院校）深化产教融合，推动创新创业高质量发展，打造"双创"升级版。信息时代，高职学生在创新创业中不可避免地要了解信息、掌握最新前言动态，而检索信息、筛选信息、学习知识、批判运用信息等环节都与创新创业者的信息素养密切相关。如果高职学生拥有良好的信息素养，那么他们就会有高效检索筛选信息及综合利用并组织信息的能力，这有助于激发创造力，提升创新创业能力。另外，对高职学生进行信息素养教育培训，增强他们信息意识，激发创新活力，拓宽知识领域，开阔创新视野，提升信息能力，活跃创新思维，培养信息道德，规范信息行为，在他们创新创业过程中都对创新能力的培养有重要的作用。因此，信息素养教育是创新创业教育中必不可少的重要内容，有利于培养高职学生的创新创业能力，应当纳入高职院校学生创新创业教育的课程体系当中，贯穿高职院校人才培养的各个阶段。

在创新创业方面，高职图书馆作为学校的"第二课堂"，拥有着海量的信息资源、空间资源和各类型的讲座培训咨询服务，为开展创新创业教育提供了丰富的资源和重要保障。另外，高职图书馆还要发挥优势，收集、整合各类信息资源，多角度、全方位为高职学生创新创业提供信息服务，按需提供有用的信息来指导创新创业实践活动。信息素养教育能够有效提升高职学生创新创业能力，是创新创业教育的基础。在"互联网+"环境下，创新创业需要大量的信息，只有具有较高的信息素养，增强信息意识、掌握信息知识、提升信息技能，构建积极正确的信息道德观，具有批判思维，才能准确、高效地获取、整理、分析、处理和利用信息。因此，具备良好的信息素养有利于培养高职学生创新创业能力，有利于培养出创新性、学习型人才，培养出高水平的"双创"者，从而推动创新创业高质量发展。

第二章 高职院校信息素养教育课程标准

第一节 课程概述

当今时代是一个信息爆炸的时代,知识与情报是巨大的社会财富,因此高职学生必须善于检索与利用信息,而信息检索课程正是这样一门引导学生培养自学和独立研究能力、树立正确信息检索意识的课程。调查显示,现在的大学生甚至是毕业生,查找信息的方式都很单一,一般就是上网用百度、谷歌等搜索引擎,很少有去图书馆查阅资料或者使用其他查阅方式的。这直接导致的就是他们创新精神不足,分析问题、处理问题或提出有分量见解的能力较差。面对如此严峻又现实的问题,信息检索课程的重要性可见一斑。1984年,国家教委对提高师生的信息素养、文献检索教育十分重视,专门发出通知,要求高等学校开设"文献检索与利用"课程。2018年以来连续5年的《教育信息化和网络安全工作要点》中指出提升师生信息素养的要求、信息素养全面提升行动等,为提高高职学生的信息素养及知识获取能力,根据文件的精神开设信息素养课程。

一、课程定位

(一)课程性质和类型

本课程是面向高职学生开设的一门选修B类课程,本课程是培养学生的信息意识、信息知识、信息能力,以及网络信息检索、文献信息检索基本技能的科学方法课,具有较强的理论性、知识性和实践性,在培养合格的高职学生中起着举足轻重的作用。

（二）课程作用

"信息检索与利用"[①]的前导课程是"信息技术应用基础和信息资源建设"，后续课程是"信息服务与用户和电子文件管理"。在学习本课程之前，学生应该学习了计算机基础课，具有一定的检索技能，信息资源建设为本课程提供信息源。学生学习本课程后能够快速、准确、有效地获取网络信息资源、文献信息资源，对学生拓宽专业知识、提高自学能力具有重要作用，为更好地提供信息服务、做好电子文件管理提供保障。因此，信息检索在专业人才培养中起着至关重要的作用，学习信息检索知识和操作技能，符合高技能人才培养目标和专业相关技术领域职业岗位的任职要求，对于学生职业能力培养和职业素养养成具有十分重要的意义。

二、课程设计思路

（一）课程设置的依据

根据高职院校职业岗位的知识与技能要求，充分贴近行业，密切与企业合作进行课程设置。以企业不同发展阶段的信息需求、建设与应用为背景，组织教学内容，充分体现职业性、实践性和开放性。让学习者在项目设计活动的基础上掌握必备知识，增强课程内容与职业岗位能力要求的相关性，将素质培养贯穿整个教学过程中，提高学生的就业能力。

（二）课程改革的基本理念

课程改革的基本理念是根据项目需要的知识点划分为若干基础任务，以基础任务为基本教学单元，通过完成一系列的基础任务最终达到项目的实现，以及理论的应用与理解。

（三）课程目标、内容制定的依据

本课程是一门实践性很强的方法课，学生不仅要学习信息检索的相关理论，更重要的是要通过实践环节来熟练掌握手工检索工具、数据库系统及网络资源的使用方法，培养学生的检索能力。

在理论教学的基础上，学生经过一系列手工检索和计算机检索的实践环节，能够达到学以致用的目的。特别是高年级的学生，在毕业设计的同时，

[①] 进入21世纪，"文献检索与利用"课程更名为"信息检索与利用"课程。

结合自己的毕业论文课题，利用学习本课程的机会查找到一些切题的相关资料，并在此基础上能够完成开题报告中综述部分的内容。

（四）课程目标实现的途径

①任务驱动。本课程以项目化教学为主要手段，构建一种既注重教师主导作用的发挥，又注重学生主体地位的确立，积极的协作式、探索式教学模式，让学生借助多媒体网络资源（校内、校外），围绕学习专题，作为学习的参与者，主动地获取信息、加工信息，在不断完成任务的过程中提高学生信息检索能力、分析解决问题能力、团结协作能力和社会活动能力。

②为提升课程的有效性，课程教学主要置身于真实环境中进行，并充分利用多媒体仿真环境充实教学环节；通过项目任务驱动的多层次、立体化教学过程，使学生顺利完成项目任务，并通过项目实施过程的演练，形成学生实践技能和职业能力。

第二节 课程目标

一、知识目标

①具备一定的信息意识、信息知识、信息能力与信息道德；
②掌握信息检索的基本理论与基础知识，熟悉本专业及相关专业常用信息资源；
③掌握通过多种方式获取和利用信息资源的基本方法和技能。

二、职业能力目标

①熟练自如地利用图书馆拥有的资源和通过互联网查阅各种有用资料，合理有效地利用信息资源，并对丰富的信息资源有良好的分析和鉴别能力；
②通过直接面对各种检索课题，以及具体实例分析和实际操作训练，了解掌握常用的各种检索工具的结构及使用方法，熟悉资源的检索与利用，逐步培养独立分析问题、选择和鉴别信息、获取与处理信息并解决问题的能力；
③通过对综合网络资源的介绍，熟练掌握网络信息资源的检索途径及方法，能利用国内相关数据库迅速获取相关文献信息，鼓励学生将网络运用于

学习，提高学生对网络信息资源的获取能力，以及在信息化、网络化环境中进行创造性学习的能力。

三、职业素质养成目标

①提高学生获取和利用文献信息资源的基本能力；
②培养学生用科学的方法进行文献信息的收集、整理、加工和利用；
③培养学生逐步形成综合分析问题的素质与能力；
④培养学生良好的团队意识及合作精神；
⑤提高学生在学习和工作中的自学能力和独立创新能力。

四、职业技能证书考核要求

目前还没有证书的考核，只有参加北京地区高职高专院校信息素养大赛和全国高职高专院校信息素养大赛。

第三节 课程内容和要求

一、课程内容

课程大纲内容如表 2-1 所示。

表 2-1 课程大纲内容

章（单元）	章（单元）名称	节序号	节名称	重点和难点
第一单元	信息意识与信息素质培养	1.1~1.4	1.1 基本概念及其相互间的关系 1.2 文献的类型 1.3 信息检索和利用的意义 1.4 信息素质的概念	信息素质的培养
第二单元	信息源	2.1~2.3	2.1 寻找信息源的方法 2.2 按信息源的途径查询 2.3 按信息源的类型查询	寻找信息源的方法

续表

章（单元）	章（单元）名称	节序号	节名称	重点和难点
第三单元	信息检索技术	3.1~3.5	3.1 信息特征 3.2 检索工具 3.3 计算机检索技术 3.4 检索词的选取 3.5 检索流程	计算机检索技术、检索词的选取
第四单元	搜索引擎	4.1~4.3	4.1 搜索引擎的定义、原理、分类 4.2 百度及其使用技巧 4.3 其他搜索引擎	难点：搜索引擎的原理 重点：使用技巧
第五单元	网络信息检索	5.1~5.3	5.1 网络上学习考试类信息检索 5.2 课程信息检索与利用 5.3 网络购物信息检索	学习考试类信息检索
第六单元	中文综合性数据库检索	6.1~6.3	6.1 常用中文综合性数据库概述 6.2 CNKI 中国知网学术总库介绍及其使用技巧 6.3 万方数据知识服务平台资源介绍及其检索技巧	CNKI 数据库及其使用技巧
第七单元	电子图书、电子期刊	7.1~7.5	7.1 概述 7.2 超星电子图书及其使用方法 7.3 读秀及其使用方法 7.4 博看期刊及其使用方法 7.5 各中文电子图书比较	博看及其使用方法
第八单元	超星发现和移动图书馆	8.1~8.2	8.1 超星发现及移动图书馆数据库的检索原理 8.2 检索技巧	超星发现检索技巧

续表

章（单元）	章（单元）名称	节序号	节名称	重点和难点
第九单元	特种文献检索	9.1~9.5	9.1 专利及标准检索的意义 9.2 专利、标准信息的基本知识 9.3 会议文献信息检索 9.4 科技报告信息检索 9.5 检索案例分析	重点：国内专利检索 难点：案例分析
第十单元	多媒体数据库	10.1~10.2	10.1 网上报告厅、超星视频、万方视频等数据库的检索原理 10.2 基本检索方法	数据库检索技巧
第十一单元	数据与事实数据库检索	11.1~11.2	11.1 中经网、新华社等事实数据库的检索原理 11.2 基本检索、主题词检索及辅助检索等功能运用	数据与事实数据库检索技巧
第十二单元	就业与创业信息检索与利用	12.1~12.2	12.1 就业创业数据库的检索原理 12.2 就业创业信息的查找与利用	重点：企业、就业信息检索利用 难点：信息鉴别
第十三单元	信息检索案例	13.1~13.2	13.1 各种检索案例 13.2 在检索中遇到问题的处理	检索中遇到问题的处理
第十四单元	文献的学习与利用	14.1~14.3	14.1 信息的搜集与管理 14.2 文献综述的撰写 14.3 写作与学术规范	重点：根据不同的选题进行相关资料的准确查找 难点：学位论文的撰写

二、课程要求

本课程以理论结合实践的形式开设，并以实践操作作为重点。通过课程的学习，学生应达到下面基本要求：

①对本课程的一般基础理论有大概的认识，掌握信息检索的基本理论与基础知识；

②掌握若干种基本的综合性和专业性中外文检索工具，了解其内容特点、编排结构和著录格式，能够通过多种检索途径使用它们检索与专业相关的不同类型的文献；

③掌握计算机文献信息检索的方法，包括选择数据库、制定检索策略、分析检索结果；

④能够独立地根据检索课题选用适当的检索工具，并综合使用多种检索工具完成课题的检索；

⑤掌握获取原始文献的主要方法及整理文献资料的方法。

三、课时分配

课时分配如表 2-2 所示。

表 2-2　课时分配

序号	教学单元（或章节）	课时分配		
		理论	实践	小计
1	信息检索的基础理论模块	2	2	4
2	网络信息检索与利用模块	2	4	6
3	数字资源检索与利用模块	8	8	16
4	信息资源的综合利用及课程设计模块	2	4	6
	合计	14	18	32

四、课程整体设计

课程整体设计如表 2-3 所示。

表2-3 课程整体设计

序号	典型工作任务（模块）	教学项目	教学目标	学时安排
1	信息检索的基础理论模块	信息素养的概念，信息、知识、文献、情报概念及之间的联系，信息检索方法等	具备一定的信息意识、信息道德；掌握信息检索的基本理论与基础知识	2
		通过一篇文献、某一作者、某一关键词对不同的检索系统做出具体的检索流程	掌握检索词的选择和布尔逻辑等检索技术	2
2	网络信息检索与利用模块	百度、新浪等搜索引擎的使用技巧	掌握搜索引擎使用技巧	2
		通过互联网进行网上购物、出门旅游	了解搜索引擎的应用	2
		利用互联网普通网络资源查询就业信息	了解百度等搜索引擎的高级检索方式	2
3	数字资源检索与利用模块	中国知网、万方数据等中文综合性数据库的使用技巧	了解中文综合性数据库的使用技巧	4
		博看、读秀等电子期刊、电子图书库的使用技巧	了解电子期刊、电子图书库的使用技巧	2
		超星发现和移动图书馆的使用技巧	了解超星发现、移动图书馆的使用技巧	2
		专利、标准、会议文献等特种文献的检索技巧	了解特种文献的检索技巧	2
		网上报告厅、超星视频、万方视频等多媒体库的检索技巧	了解多媒体库的检索技巧	2
		中经网、新华社等事实数据库的检索技巧	了解事实数据库的检索技巧	2
		就业与创业信息的检索	了解就业与创业信息的检索	2

续表

序号	典型工作任务（模块）	教学项目	教学目标	学时安排
4	信息资源的综合利用及课程设计模块	万方检索系统的"知识脉络分析"和中国知网的"学术趋势搜索"	会对检索出来的文献进行分析归纳	2
		根据不同专业设计不同的课题进行文献综述的撰写	掌握文献综述的撰写	4
	复习、考试			
	合计学时			32
教学资源	电子阅览室、实训室、图书馆数字资源库、慕课视频、PPT课件、学习通 APP			

第四节 课程教学方法

根据课程性质、现实需求和典型工作任务，采取案例教学、课题教学、检索演示、课题讨论等教学方法，适应基于工作过程系统化的课程教学要求，实现"教学做一体化"教学方法改革，具体内容包括以下几个方面。

①采用课堂实时教学和慕课教学平台辅助教学相结合的方式，增强教学的直观性和互动性，提高课堂效率。通过翻转课堂的方式，将课程的部分基础知识提到课前学习，课堂教学采用多媒体与在线教学相结合的讲授方式，一方面将课程的主要内容——计算机信息检索部分进行在线实时讲解，呈现在学生面前的是图文并茂的多媒体课件和动态的、真实的网上数据库检索，使整个课堂教学过程直观生动，大大提高了教学效果；另一方面，采用多种自主学习的方式，巩固和深化知识。

②课堂讨论。主要目的是通过思维激荡，培养学生分析和解决问题的能力，活跃课堂气氛，提高学生的学习兴趣，让学生快乐地讨论，享受讨论的快乐；课堂讨论一般安排在讲授过程中，选择某些有争议性的专题组织学生分为6~10人左右的小组进行讨论，小组讨论结束后，每个小组选派一位代

表向全班报告小组讨论结果,然后教师逐个进行点评。这种教学方法效果明显,受到学生的一致欢迎。

③专题与案例实战练习。练习中强调每组学生的选题基本上都是独特的、个别的,选题过程成为案例研究的一个重要阶段。选题主要有:就业创业信息搜集和信息分析;网络购物等信息收集与分析;文献综述(社会实践报告)信息搜集、信息分析和撰写。要求学生针对某个检索的主题,通过选择信息源数据库,得出一定数量的检索结果后,以定量分析方法对这些检索结果进行多方面、多角度的分析、综合、研究,形成有数据、有对比、有分析、有观点的成果,并列出该课题主要研究人员、机构、内容,确定信息跟踪对象。

第五节 课程教学环境

一、教学组织

教师必须重视学习现代教学理论,不断更新观念。教学过程应立足于学生动手能力的培养,真正理解和正确利用项目驱动的教学方法,激发学生学习兴趣,增强学生对知识的理解和实践能力。

应充分利用多媒体视频教学手段,为学生提供多种形式的、直观的学习环境,延展学习时间和空间。

实验全部以单独形式进行,完成各项任务过程中,培养学生之间的沟通、协作能力,增强团队意识。

二、师资要求

实施本课程的师资要求:①课程组的规模要求为师生比1∶30。②课程主讲教师要具有信息检索的能力,不仅能够熟练掌握各种网络搜索技能,还能够熟悉本校图书馆的各种数据库检索技巧、检索方法。

三、实训条件

为了提高教学的效率,实训需要充分借助实训室、电子阅览室等,利用多媒体教学,学生也可以利用校园网、互联网、移动互联网等加强练习,课程的学习不是要学生会依葫芦画瓢,而是要学生牢固掌握技能并达到灵活应用的程度。

四、教材编写与选用

教材编写与选用要体现课程的特色与设计思想，教材内容应体现先进性、实用性，案例的选取要科学，体现高职学生的特点，具有可操作性。教材呈现方式要图文并茂，文字表述要规范、正确、科学。鼓励开发相关辅导用书、教师指导用书、网络资源。

第六节 课程考核标准

一、考核方法

本课程建议采用过程化考核。依据本课程的能力培养要求，对学生利用不同检索工具所完成的信息检索任务进行综合评价。

二、考试范围

依据本课程大纲和课程内容，参考课堂实践指定考试范围。

三、考试时间

课程结束随堂考。

四、成绩构成

总成绩分成两个部分，包括期末课题检索成绩和平时（出勤和实践）成绩，期末成绩占60%，平时成绩占40%。①期末成绩：在课程开始不久后，由任课教师给出备选课题，同时组织学生按专业或兴趣分组选择拟完成的课题，在所有内容讲授完毕后，由学生以小组为单位完成一个检索课题。②平时成绩：平时成绩包括出勤、课堂讨论、平时实践成绩。

五、不及格处理

没有学分。

六、评分标准

期末检索课题，要求：①对课题进行主题概念、学科范围、文献分布、检索时限、主要文献类型等分析，20分；②选择多种检索工具处理该课题，20分；③列出检索式，并截屏显示检索过程，20分；④列出检索结果的数量和最相关的前5条记录的书目信息，20分；⑤分析检索结果，包括检全率、检准率、遇到的问题及启示等，20分。

第七节　课程教学设计示例

以城市生活垃圾分类处理为背景进行课题信息检索。通过学习通APP发布任务，通过爱课程、在线慕课让学生完成课前自学，并在上课前使用学习通签到。

（一）导入部分

以日常生活、社会实践中学生关心的话题为例，提出相关问题。由此激发学生想尽办法获得答案，其实也就贯穿着对上一节课的知识应用，从而实现对上一节课知识的回顾。并且，借此机会进一步引导，引出通过哪些渠道了解到这个问题，由此实现对新课的导入。

（二）课中深化学习

通过"学一学、用一用、想一想"动眼、动手、动脑不同方式的结合一步一步引导学生提出问题，小组讨论研究问题，填写小组合作探究卡，完成探究卡说明同学们已经能够发现问题，这也是信息检索的第一步。小组讨论结束后，每个小组选派一位代表向全班报告小组讨论结果，然后教师逐个进行点评。通过课堂上学生分组讨论，培养学生分析和解决问题的能力，活跃课堂气氛，激发学生的学习兴趣，在活跃的课堂气氛中学习知识、突破难点。快乐地讨论，也让学生体验检索的乐趣，提升学生合作沟通能力、归纳总结能力和敏捷反应力。接下来老师会通过案例详细介绍检索流程，让学生更直观地了解文献检索的过程，掌握文献信息检索的技巧和方法；最后学生自己动手进行实践，看他们自己检索到的信息和老师检索到的有什么不一样的地方，然后学生自己研究，进行检索结果的总结分析。这部分设计意图：学生在实际操作时，遇到困难，查找资料，实现"做中学"；在实践遇到阻碍时，老师有针对性地点拨，实现"做中教"；使稍弱的学生得到了及时的指导，较强的学生也强化了知识，增添了成就感；通过实践成果，教师可以了解学生的掌握程度、存在的问题，为下一环节做准备。

（三）课后拓展学习

根据学生专业的不同设计不同的课题让学生分小组在课后进行相关的文献检索，检索结果在下次课的时候进行分组讲解。通过这样一个课后作业的形式加深学生的认识，巩固学生的学习效果，还能提高学生对专业学习的兴趣程度。

第三章 高职院校学生应掌握的信息检索技巧

● 第一节 网络信息的搜索技巧

新时代对高职学生信息素养提出了新的要求，面对大数据、移动互联网、5G带来的海量信息，只有熟练掌握信息检索的技能和技巧，才能在丰富多样的信息资源中找到自己所需要的信息。熟练应用网络检索技巧，已经成为学习、生活、工作中必备的技能。

搜索引擎是指根据一定的策略，运用特定的计算机程序，从互联网上采集信息，在对信息进行组织和处理后，为用户提供检索服务，将检索的相关信息展示给用户的系统。实际上，搜索引擎就是根据用户需求，运用特定的策略从互联网上检索出指定的信息反馈给用户的一门检索技术。

搜索引擎主要是根据输入的关键词，把最相关的网页信息或者资料排在前列呈现给用户，也就是说，只要关键词准确，检索结果排在前面的就是要找的信息。下面以百度为例介绍搜索引擎的使用方法和技巧。

一、简单检索

（一）关键词检索

只要在搜索框中输入关键词，百度会寻找符合查询条件的全部资料，并把最相关的网站或资料排在前列。所以提炼关键词，从题意中提炼出最具代表性和指示性的关键词（即关键词准确）是获得良好搜索结果的前提。

例如：要查找CALIS高职高专发展行动计划重点解决高职院校图书馆建设发展中的哪些问题？

解析：根据检索要求，提炼关键词"CALIS高职高专发展行动计划"，搜索引擎就把最符合题意的网页检索出来了，搜索结果第一条就是要查找的资料（图3-1）。

图 3-1　百度搜索"CALIS 高职高专发展行动计划"结果

再如：要查找庆祝中国共产党成立 100 周年大会上，习近平同志讲话中"三个深刻改变"的内容？

解析：提炼关键词"庆祝中国共产党成立 100 周年大会上的讲话"，就搜索到习近平在庆祝中国共产党成立 100 周年大会上的讲话，搜索结果如图 3-2 所示，从讲话中找到"三个深刻改变"内容即找到答案。

图 3-2　百度搜索"庆祝中国共产党成立 100 周年大会上的讲话"结果

（二）输入多个关键词搜索

输入多个关键词，可以获得更精确、更丰富的搜索结果。说明：多个关键词之间用空格。

例如：要查找 2021 年 10 月 20 日发行的《北京城市副中心报》头版中《大兴机场北线高速西延工程年底贯通》这篇报道的作者是谁？

解析：根据查找内容，提炼关键词"《北京城市副中心报》"，搜索结果如图 3-3 所示，都不是我们想要的。

图 3-3　百度搜索"《北京城市副中心报》"结果

输入两个关键词"2021 年 10 月 20 日《北京城市副中心报》"，搜索结果如图 3-4 所示，搜索引擎就把最符合题意的网页排在前列，打开第一条（图 3-5），就可以很容易找到《大兴机场北线高速西延工程年底贯通》这篇报道，其作者是孙宏阳。可见，搜索条件越具体，搜索引擎返回的结果就越精确。单一关键词的搜索效果不太令人满意时，可同时输入多个关键词来搜索，这样可以找到更精确的结果。

图 3-4　百度搜索 "2021 年 10 月 20 日《北京城市副中心报》" 结果

图 3-5　2021 年 10 月 20 日《北京城市副中心报》界面

例如：查询一下是什么时间，根据病毒进化技术咨询小组（TAG-VE）的建议，世界卫生组织将变体 B.1.1.529 命名为 Omicron。

解析：就可以提炼关键词"B.1.1.529 Omicron"。

（三）关键词一句话

可以输入一个关键词，也可以输入两个、三个、四个关键词，甚至可以输入一句话。

例如：1990 年联合国教科文组织正式确定了每年的 4 月 23 日为世界读书日。这个信息是否正确？

解析：要查询内容是否正确，关键词是没有明显特征的，这次可以输入一句话作为关键词。在百度输入"1990 年联合国教科文组织正式确定了每年的 4 月 23 日为世界读书日"。从搜索的结果中可以看出，1995 年联合国教科文组织正式确定了每年的 4 月 23 日为世界读书日，所以这个信息是错误的（图 3-6）。

图 3-6　百度搜索"1990 年联合国教科文组织正式确定了每年的 4 月 23 日为世界读书日"结果

二、高级检索

（一）精确匹配——双引号和书名号

在搜索引擎中输入很长的关键词，搜索引擎经过分析后，给出的搜索结果中查询词可能是拆分的。如果不想让百度拆分关键词，给关键词加上英文状态下双引号，可以进行精确匹配。在百度中还可以用中文书名号进行精确匹配。

例如：要查找研究生导师指导行为准则的具体内容？

解析：根据查找内容，提炼关键词"研究生导师指导行为准则"，给关键词加上英文状态下双引号进行精确查找，搜索结果如图3-7所示，而且关键词还不被拆分。

图3-7　百度搜索"研究生导师指导行为准则"结果

书名号"《 》"是百度独有的一个特殊查询语法。给关键词加上书名号，有两层特殊功能：一是书名号会出现在搜索结果中；二是被书名号括起来的内容不会被拆分。书名号在某些情况下具有特别的效果。例如，查名字很通俗和常用的那些电影或者小说。查电影"焦裕禄"，如果不加书名号，检索出来的结果排在前列的是焦裕禄人物介绍，而加上书名号后，搜索"《焦裕禄》"，结果排在前面的是关于焦裕禄的影视方面信息（图3-8）。

图3-8　百度搜索"焦裕禄""《焦裕禄》"结果的比较

（二）使用减号"-"

在关键词的前面使用减号，表示在查询结果中不能出现该关键词的相关网页和资料，有利于缩小查询范围。

例如：想要查找关于小说的资料，但不包含武侠小说。

解析：根据查找内容，提炼关键词"小说　-武侠小说"。在关键词前面使用减号，相当于缩小了检索范围，把武侠小说的内容去掉了。

注意，前一个关键词和减号之间，必须有空格，否则减号会被当成连字符处理，而失去减号语法功能。减号和后一个关键词之间不能有空格。

（三）使用加号"+"

如果想要在检索的结果中，必须出现关键词，那么就可以在关键词的前面使用加号"+"。

例如：检索关键词"大数据+人工智能"，搜索结果如图3-9所示，人工智能这个关键词前用了"+",人工智能就必须出现在搜索网页的结果中。

图 3-9　百度搜索"大数据 + 人工智能"结果

（四）并行搜索"|"

使用"A|B"会搜索出"包含关键词 A，或者包含关键词 B"的结果。百度会提供跟"|"前后关键词相关的网站和资料。

例如：家里想要配置一台电脑，要查找一下关于电脑的资料。

解析：根据查找内容，提炼关键词"电脑"。但电脑也叫计算机，还有的把电脑叫 PC，英文为 computer，所以想要把电脑了解全，关键词应为"电脑|计算机|PC|computer"。

（五）把搜索范围限定在特定站点中"site"

如果检索的信息指定在某个站点中，就可以把搜索范围限定在这个站点中，提高查询效率。

使用方法：关键词　site：站点域名。说明："site："与前面关键词有空格，与后面的站点域名没有空格。

例如：2023年11月，国家知识产权局网站发布了2023年1—10月知识产权主要统计数据，其中要查询一下1—10月我国实用新型专利授权数量是多少？

解析：根据查找内容，要查找国家知识产权局网站上的信息，那就是把搜索范围限定在国家知识产权局网站这个站点中，所以可以用"site"来限定，提炼关键词"2023年1—10月知识产权主要统计数据　site：cnipa.gov.cn/"。搜索结果都被限定到了国家知识产权局这个网站中（图3-10），打开图中第一条信息找到2023年1—10月知识产权主要统计数据（知识产权统计简报2023年第13期）（图3-11），查询到我国实用新型专利授权量为175.5万件。

图3-10　百度搜索使用site语法结果

知识产权统计简报

2023年第13期

国家知识产权局战略规划司　　　　　2023年11月7日

统计快报　　**2023年1—10月知识产权主要统计数据快报**

一、专利

2023年1—10月，我国发明专利授权量为77.5万件，实用新型专利授权量为175.5万件，外观设计专利授权量为53.5万件。

截至2023年10月底，我国发明专利有效量为487.0万件。其中，国内（不含港澳台）发明专利有效量389.7万件。实用新型专利有效量为1192.3万件。外观设计专利有效量为315.9万件。

2023年1—10月，我局受理PCT国际专利申请5.90万件。其中，国内申请人提交5.49万件。

2023年1—10月，中国申请人共提交外观设计国际申请1505件¹，共有1449件²已公开外观设计国际申请指定中国。

二、商标

2023年1—10月，我国商标申请量为587.7万件；商标

图3-11　国家知识产权局网站界面

（六）把搜索范围限定在网页标题中"intitle"

网页标题通常是对网页内容提纲挈领式的归纳。把查询内容范围限定在网页标题中，有时能获得良好的效果。

使用方法：关键词　intitle：关键词（特别关键的词，即标题要出现的关键词）。说明："intitle："和前面关键词有空格，与后面的关键词没有空格。

例如：2022年8月，"首届世界职业院校技能大赛"在天津开幕，大赛共设竞赛类项目多少个？

解析：根据所要查找内容，重点是首届世界职业院校技能大赛，提炼关键词"天津　intitle：首届世界职业院校技能大赛"，搜索结果如图3-12所示，"首届世界职业院校技能大赛"被限定在网页标题中，提高了检索效率。

（七）把搜索范围限定在URL链接中"inurl"

网页URL链接代表了一定的信息，如果把检索词限定在URL链接中，使用"inurl："搜索可以更准确地找到结果。

使用方法：关键词　inurl：关键词。说明："inurl："和前面关键词有空格，与后面的关键词没有空格。前面的关键词可以出现在网页的任何位置，后面的关键词出现在 URL 链接中。

例如：要查找一首老歌《传奇》。

解析：根据查找内容，提炼关键词"传奇　inurl：mp3"，搜索结果如图 3-13 所示，"传奇"关键词可以在网页的任何位置出现，而 URL 链接中都出现了关键词"mp3"。

图 3-12　百度搜索使用 intitle 语法结果

图 3-13　百度搜索使用 inurl 语法结果

例如，要查找小说《人世间》，就可以提炼关键词"人世间 inurl：renshijian"。

（八）把搜索范围限定在指定文档类型的网页"filetype"

搜索引擎除了支持网页检索外，还支持文档检索。百度支持对 Word、Excel、Powerpoint、Adobe PDF、RTF 等文档进行全文搜索。要搜索这类文档很简单，在要查询的关键词后面加一个"filetype："文档类型限定即可，这样就把要搜索的结果限定在指定文档类型的网页中。文档类型有 doc、xls、ppt、pdf、rtf、all。其中，all 表示搜索所有这些文件类型。

使用方法：关键词 filetype：文档类型。说明：关键词与"filetype："之间要有空格。

例如：查找关于信息素养的 Word 文档资料。解析：根据查找内容，提炼关键词"信息素养 filetype：doc"，搜索结果如图 3-14 所示，搜出来的信息就限定在信息素养相关的 Word 文档格式了。

图 3-14 百度搜索使用 filetype 语法结果

三、百度—设置—高级搜索

在百度—设置中打开高级搜索界面，高级搜索页面将所有高级语法集成，用户不需要再书写语法，只需要填写相应关键词和选择相关选项，百度自己就完成了相关的语法搜索，能够提高检索效率。

说明："包含全部关键词"相当于简单检索输入关键词，如输入"《2023年度中国数字阅读白皮书》"（图3-15），"包含完整关键词"相当于精确查找给关键词加上英文状态下双引号（图3-16），"包含任意关键词"相当于"|"，"不包括关键词"相当于给关键词前面加减号"-"。

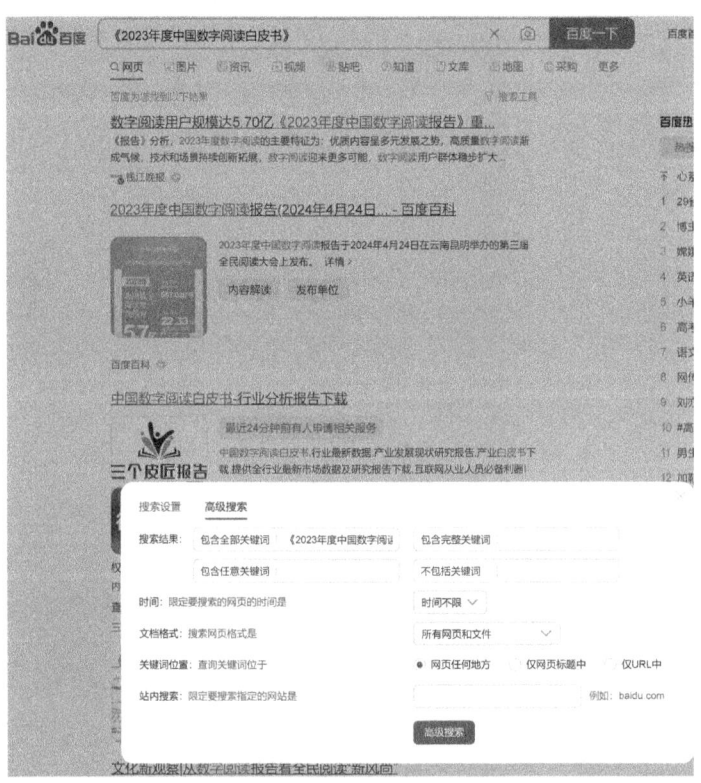

图3-15　高级搜索"包含全部关键词"界面

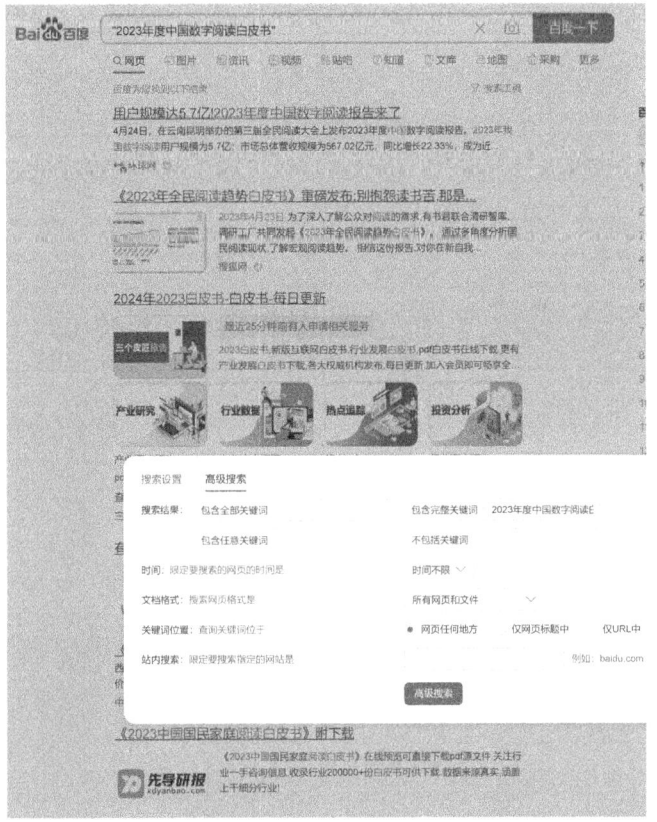

图 3-16 高级搜索"包含完整关键词"界面

高级搜索中可以对搜索结果进行时间限定，可以将搜索网页的时间限定在一天内、一周内、一月内或者一年内。例如，要查找数字资源建设最近一年的资料，那么就可以在时间限定中选择一年内（图 3-17），这样最近一年时间的数字资源建设资料就显示出来了。

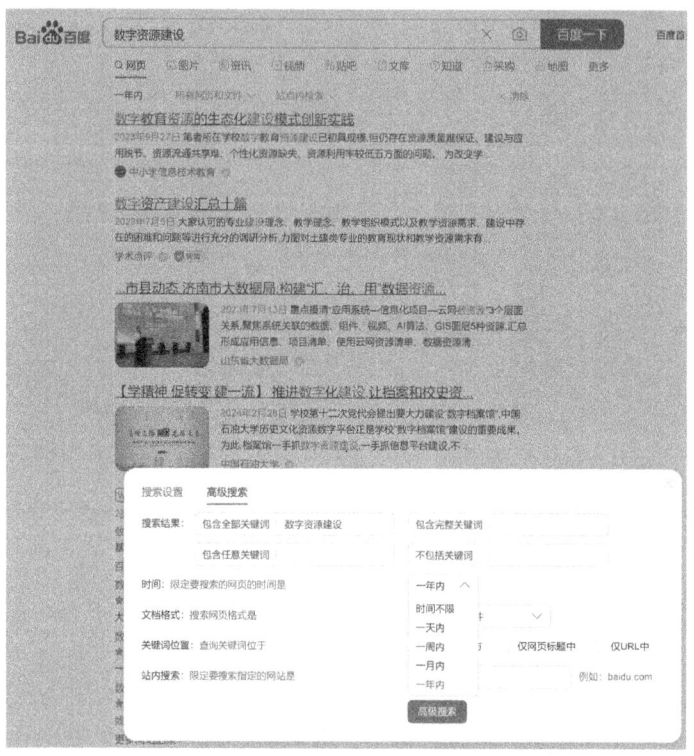

图 3-17　高级搜索时间限定界面

关于高级搜索中关键词位置，默认的是"网页任何地方"，如果想让搜索结果标题中出现关键词，就可以选择"仅网页标题中"，关键词就被限制在检索范围的网页标题中。如果想让关键词限定在 URL 链接中，就选择"仅 URL 中"。例如，要查找纪念抗美援朝胜利所拍摄的电影，可以将"纪念抗美援朝电影"限定在网页标题中（图 3-18）。

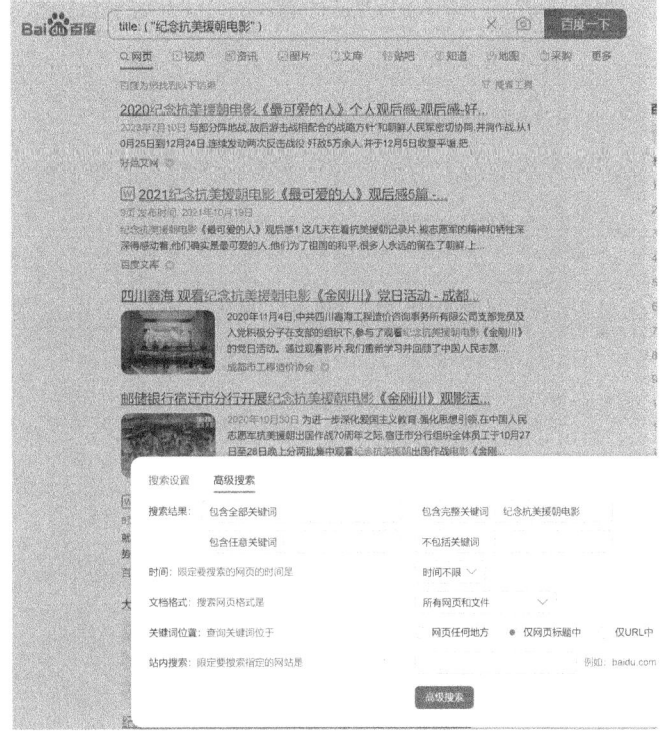

图 3-18　高级搜索关键词位置界面

高级搜索—站内搜索中输入指定的网站，就可以把要搜索的关键词限定到特定网站内了，但输入的网站不能带"www"。

例如：根据国家知识产权局网上发布的《知识产权统计简报》2024 年第 8 期，查询 2024 年 1—5 月我国发明专利授权数量是多少？

解析：在百度—高级搜索中，包含全部关键词"《知识产权统计简报》2024 年第 8 期"，站内搜索"cnipa.gov.cn"（图 3-19），就把要搜索的关键词限定在国家知识产权局这个站点内了，提高了检索查准率。

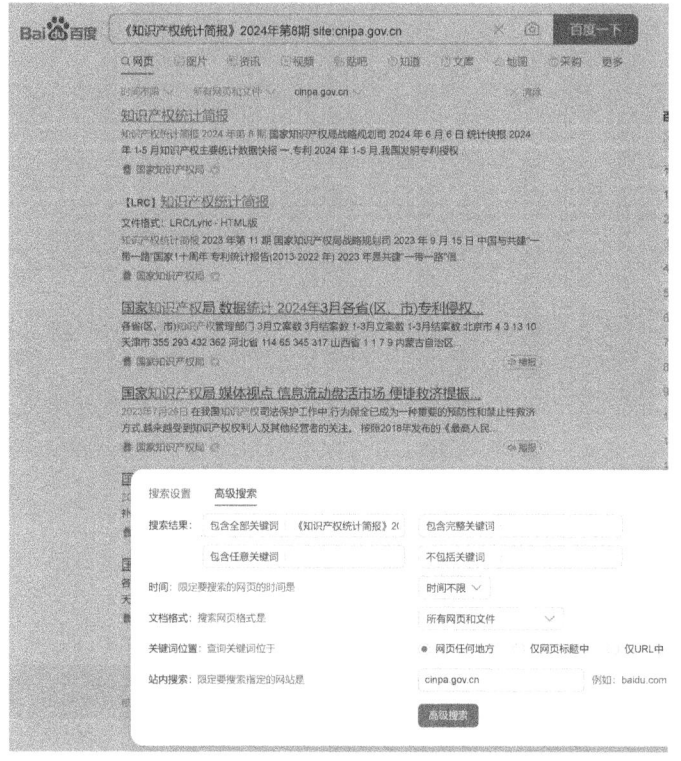

图 3-19　高级搜索站内搜索界面

例如：查询一下截至 2024 年 6 月 20 日，教育部（http：//www.moe.gov.cn/）发布《全国高等学校名单》，其中高职（专科）学校（Higher Vocational Colleges）有多少所？

解析：根据查询内容，一般都以发布文件名为关键词，所以提炼关键词"全国高等学校名单"，搜索范围限定在教育部网站中，所以站内搜索"moe.gov.cn"（图 3-20），就把要搜索的关键词限定在教育部这个站点内了，提高了检索效率。

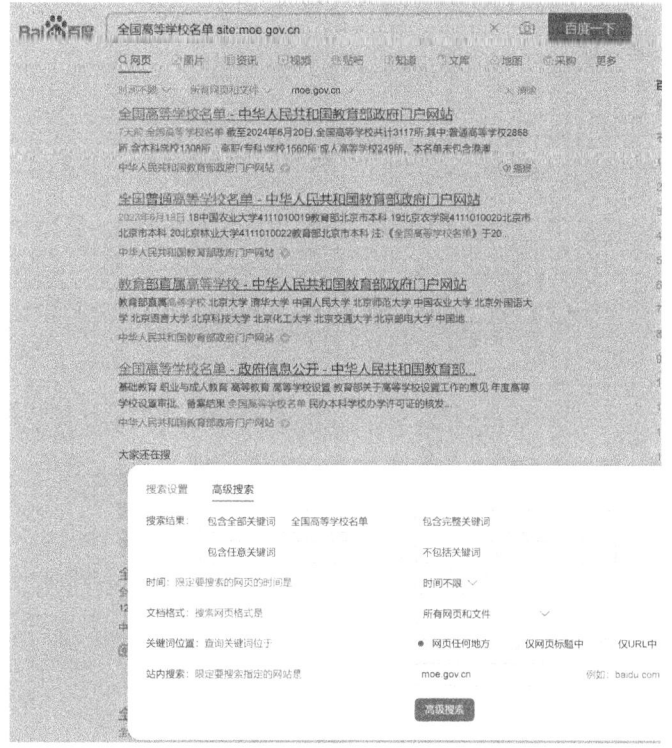

图 3-20　关键词限定在教育部网站

四、相关搜索

如果输入的关键词搜索结果不是很满意，百度提供了相关搜索，相关搜索是搜索引擎提供的其他用户搜索过的一系列相关检索词，点击任何一个相关检索词，就得到那个相关检索词的搜索结果，可以通过相关搜索来获得想要的资料（图 3-21）。

图 3-21　百度相关搜索

五、类别检索

搜索引擎一般都提供类别检索，在搜索框的上方或者下方，类别包括网页、图片、视频、资讯、贴吧、知道、文库、地图等，想要查询哪个类别只需点击相应类别。例如，想要查询北京大学视频资料，那就只需点击搜索框下面的视频，想要图片就点击图片类别（图 3-22）。

图 3-22 百度搜索"北京大学"视频

点开"更多"按钮,可以查看到更多类别(图 3-23)。一般而言,关键词在特定类别下进行检索,耗时少、效率高,可以避免大量无关的网页站点出现在检索页面中。

图 3-23　百度类别检索

● 第二节　学习场景下的信息检索

在校学习期间会重点用到中国知网和万方数据知识服务平台的使用和检索技巧，而毕业时期，毕业论文的撰写需要学术期刊数据库作为参考文献来源，甚至到实习时期，遇到课本上未涉及的问题，需要通过期刊数据库查找资料进行研究。数据库检索是指在某一个数据库平台里面检索到用户所需要的信息。不同的数据库，检索界面、检索信息、检索技巧及检索出来的结果都会有所不同，而且检索界面和功能都在不断变化和升级。

一、中国知网

中国知网（www.cnki.net）是国家知识基础设施（National Knowledge Infrastructure）的概念，简称 CNKI。CNKI 是中外文文献统一发现平台，也称全球学术快报2.0，是一个综合检索平台，向海内外读者提供中外文学术期刊、学位论文、会议、报纸、标准、成果等各类文献资源，目前已经发展成为"CNKI数字图书馆"。师生可以在自己学校IP范围内使用，校外可以借助VPN、个人漫游账号、全球学术快报APP等使用，检索方式有一框式检索、高级检索、专业检索、作者发文检索、句子检索，文献资源类型不同，检索方式也不同，这里主要介绍CNKI的访问方式和检索技巧。

（一）中国知网访问方式

中国知网提供了几种访问方式，便于师生在校内校外使用：①在学校IP覆盖范围内，直接打开www.cnki.net，有本地镜像的也可以直接打开访问，无须账号和密码。②校外访问可以安装图书馆开通的访问通道VPN，安装好后，输入VPN账号和密码，可以直接访问到图书馆内网资源，直接打开知网网址访问。③注册个人账号，开通个人馆，联通机构馆，申请漫游账号，可以在校外直接登录自己的账号，访问知网资源。④安装全球学术快报APP，安装好后，输入自己的账号、密码，但需要关联机构，校内可以进行IP关联，校外可以用扫码关联，关联完成后，可以随时随地在手机上获取资源。

（二）中国知网的选择策略

中国知网是一个综合检索平台，提供文献检索、知识元检索、引文检索，每个检索类型下面又可以进行单库和跨库检索，其中跨库检索即一框式检索，所以读者在进行资源检索之前，一定要清楚选择什么资源进行检索，是单库还是跨库，下面介绍一下单库和跨库选择策略。

①当你不确定所要的文献在哪个数据库时，或者在刚开始分析课题需要大量的资料时，就可以利用跨库一框式检索，这样可以检索出大量不同类型的文献资源，通过数据库检索出的文献数量，能快速了解自己所需文献主要的所在数据库，有针对性地进行文献检索。例如，近年来大家一直热议一个话题——深度学习在自动驾驶领域的应用研究，围绕这一课题进行学术文献调研。这一课题文献具体是在哪个数据库我们并不清楚，那么我们就可以进行跨库一框式检索（图3-24），结果发现学位论文库研究的文献最多。综上所述，在课题刚开始研究时，可以使用一框式简单检索，找到所需资料。

图 3-24 中国知网搜索"深度学习*自动驾驶"结果

②当你需要查找的文献是比较明确的或者是比较单一的，那么就可以进行单库检索，如只是查找某一期刊论文或会议、报纸上的文章，这样定位比较高效准确。例如，老师让你找一篇名为《高职院校信息素养教育现状与展望——"首届全国高职院校信息素养大赛"述评》的期刊论文，查询这篇论文作者所在的院校是哪所？查找的信息很明确是期刊论文，那么就可以直接在学术期刊库里面进行查找。再如，2022年2月21日，彭训文在报纸上报道了一篇关于大众信息素养的文章，查询一下报道的是什么内容？这篇文献很明确来源于一份报纸，那么就可以直接在报纸数据库进行查找（图3-25）。如果不假思索，直接跨库一框式检索，检索词仅为大众信息素养，那么检索出的文献比较多，就不能准确定位。

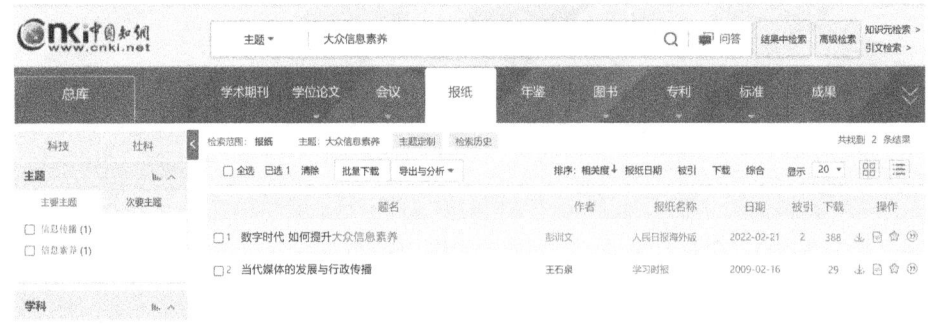

图 3-25 中国知网报纸数据库检索结果

③当需要了解全面的信息或者交叉学科信息进行调研报告或者文献综述的撰写时，需要采用跨库一框式检索。例如，围绕大数据时代个人信息保护这一主题进行学术文献调研，介绍该主题的研究现状及相关问题解决思路，形成 份调研报告。文献调研就需要对课题进行大量的文献收集，就要全面了解课题的研究现状，所以采用跨库一框式检索。

（三）中国知网检索技巧

最有效的检索技巧是选择合适的检索词，匹配正确的检索字段，构造合理的检索式，确定检索策略并实施检索，下面介绍一下CNKI的检索技巧。

1. 一框式检索

一框式检索就是跨库检索，包括了学术期刊库、硕博学位论文库，以及会议、报纸、标准、成果等数据库，也称作简单检索，选择合适的检索字段与检索词即可检索出所需要的文献资源。例如，智慧数据在多个方面产生了价值，那么要查询一下关于智慧数据的应用研究资料，则可提炼检索词"智慧数据"，检索字段为"主题"（图3-26）。

图3-26 中国知网一框式检索界面

在检索结果界面可以选择中文或者外文，若选择中文，就出现如图3-27所示界面，可以看到检索出来的不同类型文献及数量，可通过分组和不同排序，对检索结果重新筛选，进行精确分析和研究。

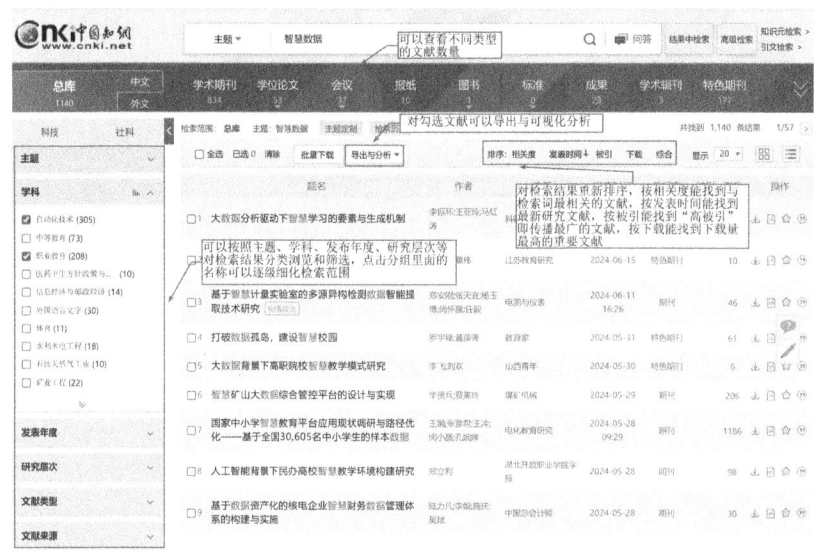

图3-27　中国知网一框式检索结果界面

对所需要的文献可以进行下载，但在下载前需要安装CAJ或者PDF浏览器。通过安装知网研学可以批量下载并进行文献管理（图3-28），如果想要下载单篇文献，点击下载按钮即可，或者通过点击题名进入知网节页面（图3-29），可以详细地看到该文献的作者、作者单位、摘要、关键词、是否有基金资助、文章目录等，可以通过手机或者HTML阅读，下载格式可以选择CAJ或者PDF。还可以通过期刊名称链接找到发表期刊的详细介绍和所有刊发的文献，查看是否为核心等信息，甚至可以查看该文献的参考文献、引证文献、共引文献、同被引文献等，点击文献题名就可以直接链接到相应文献，不需要重新进行检索，提高了检索效率。

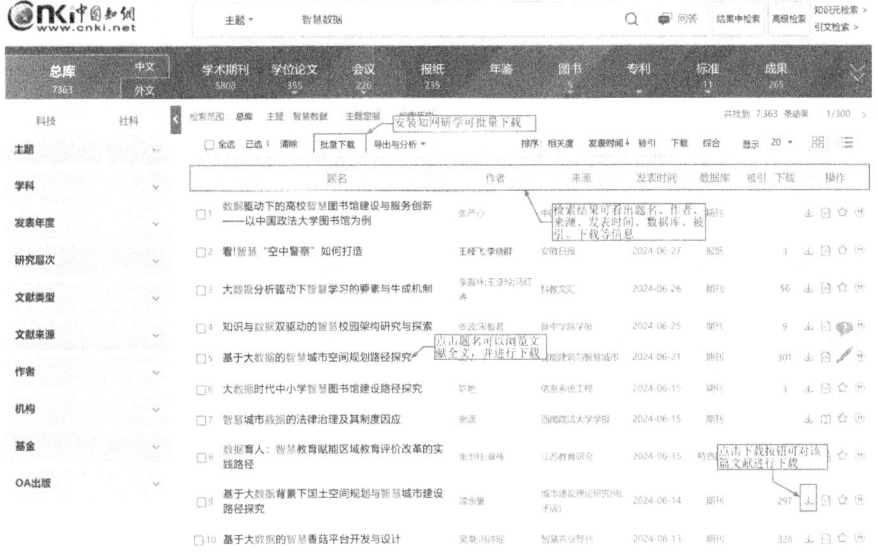

图 3-28　中国知网文献下载介绍

图 3-29　知网节页面

2. 高级检索

中国知网高级检索支持多字段组合检索，就是当要查询的信息包含两个检索词或者两个以上检索词时，使用高级检索提高检索效率，并可通过选择精确或模糊匹配方式、使用运算符来完成较复杂的组合运算检索，得到符合要求的检索结果。检索结果的呈现形式、排序、分组浏览、下载跟一框式检索一样。说明：多字段组合检索存在运算优先级，按从上到下的顺序依次进行，同一个字段内多个检索词可以使用运算符＊（与）、＋（或）、－（非）来组合运算检索，精确匹配相当于检索词不拆分。

例如：2019年第六届世界互联网大会，微软因"统一自然语言预训练模型与机器阅读理解"荣获"世界互联网大会领先科技成果奖"，其实早在2018年我国就已举办过此类技术竞赛，请对有关信息进行检索，找出该比赛的总体报告内容？

解析：根据信息，可知是要查找与统一自然语言预训练模型与机器阅读理解相关的一篇2018年技术竞赛总体报告，提炼两个检索词并限定时间，选择中国知网—高级检索，检索字段选择主题，两个检索词分别为"技术竞赛"与"总体报告"，时间范围为2018-01-01—2018-12-31，检索结果如图3-30所示，找到一篇文献，打开文献，可以查询到发文机构、作者、发表期刊、关键词等信息（图3-31）。

图3-30 中国知网高级检索结果

高职院校学生应掌握的信息检索技巧 第三章

图3-31 文献内容界面

例如：以"智慧图书馆""运行""发展策略"3个主题词检索作者为白小燕的2018年发表的相关会议论文，查询该会议论文内容是什么？

解析：根据内容，选择高级检索，检索字段为主题，3个检索词"智慧图书馆""运行""发展策略"同在一个检索项里，用运算符*组合，另一个检索字段为作者，检索结果如图3-32所示，很精确地查询到了该会议论文。

图3-32 高级检索同一检索项运算符检索结果

下面,介绍下单库高级检索。

①如果研究课题时,想要查询的资料只是核心期刊文献,那么就要进入学术期刊库进行单库高级检索。例如,要查询以"新冠感染"和"防治"为主题词的发表在核心期刊上的文献资料,则应先点击首页学术期刊进入学术期刊库,然后再点击高级检索,输入检索词,来源类别上选择所需要的核心期刊(图3-33)。

②学位论文单库高级检索能进一步实现级别查询,包括全国、省级、校级等。

③会议单库高级检索可以进一步实现会议报告级别检索,包括特邀报告、大会报告、专题或分组报告等,论文集类型包括会议论文集、专题资料汇编等。

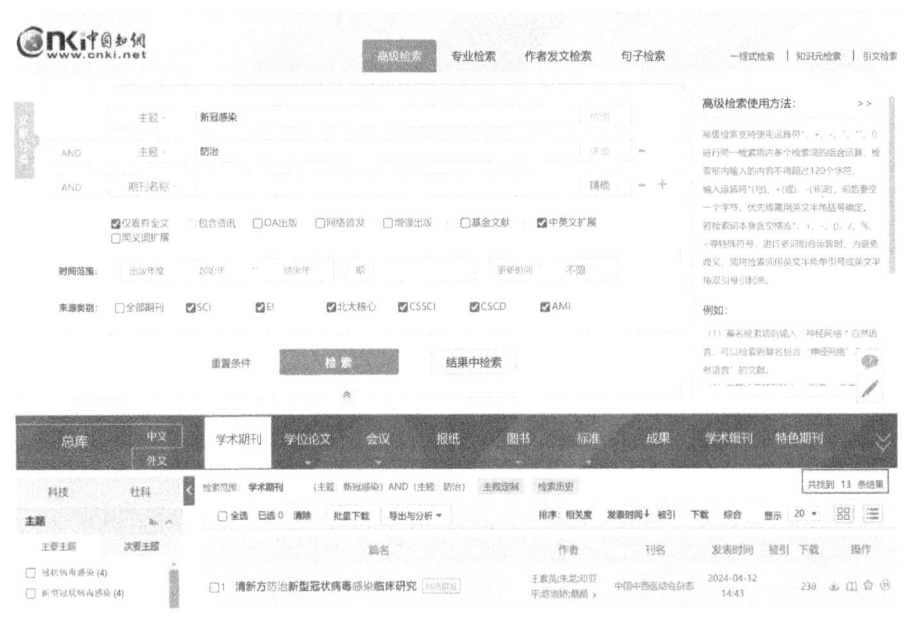

图3-33 学术期刊单库高级检索

3. 出版物检索

出版物检索可以直接检索期刊、学术辑刊、学位授予单位、会议、报纸等。如果想要查询指定期刊发表的文献信息,可以使用出版物检索,检索出要查询期刊,然后在本刊内检索。

例如：判断一下许高炎在期刊《职教论坛》2020年第2期专题研究栏目上是否发表了《职业教育是一类教育》一文？

解析：首先在首页选择出版物检索，输入来源名称"职教论坛"，检索出《职教论坛》期刊（图3-34），选择2020年第2期可以查出，在理论经纬栏目许高炎发表了《职业教育是一类教育》一文（图3-35）。

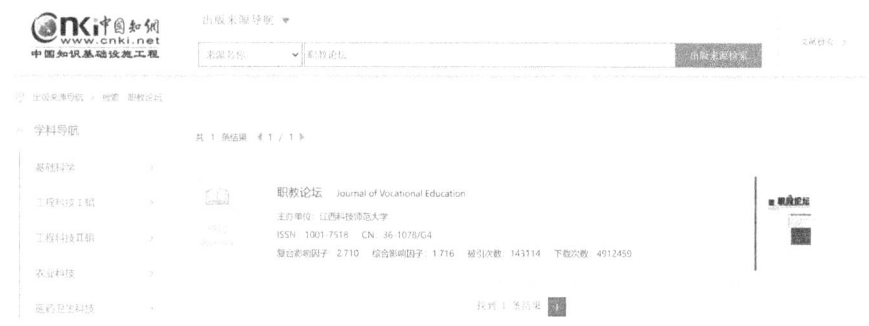

图3-34 检索"职教论坛"结果

图3-35 期刊内检索

二、万方数据知识服务平台

万方数据知识服务平台集期刊、学位、会议、标准、专利、地方志等十余种数据于一体，为用户提供海量学术文献的统一发现服务，特别提供中、英、德、日等多语种文献，有助于用户了解国内外最新研究进展，进行趋势分析，加强学术交流，是科研写作的得力助手，具体资源类型如图 3-36 所示。

图 3-36　万方数据知识服务平台资源类型

（一）万方数据知识服务平台访问方式

万方数据知识服务平台访问方式类似中国知网，也提供了几种访问方式：①可以校内 IP 范围内直接打开 https://g.wanfangdata.com.cn/，也可以直接访问本地镜像，无须账号和密码。②校外通过 VPN 通道访问。③万方数据提供校外统一的漫游账号，无并发数限制。④关注万方数据知识服务平台公众号。

（二）万方数据知识服务平台检索技巧

万方数据知识服务平台是一个综合性服务平台，可以进行单库检索和跨库检索，选择策略技巧同中国知网。在检索界面上默认的是全部跨库检索（图3-37），如果精确到单库检索，如期刊，可以在"全部"按钮处选择期刊或者在资源导航中选择期刊，这样就进入学术期刊库了。检索技巧与中国知网有类似之处，也有不同，下面介绍万方数据知识服务平台检索技巧。

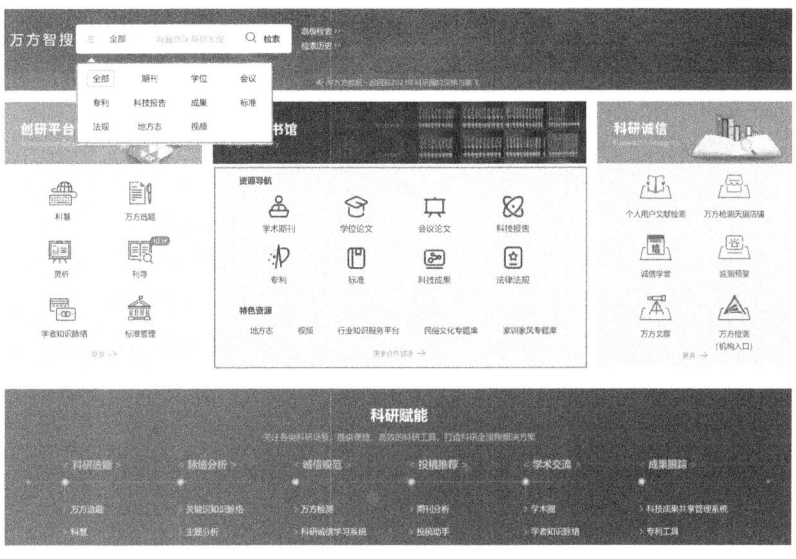

图 3-37　万方智搜检索界面

1. 一框式检索

在万方数据知识服务平台，默认全部是跨库检索，支持选择单库检索，输入合适的检索词与选择匹配的检索字段进行组合检索。

例如：2022年第24届冬季奥林匹克运动会（XXIV Olympic Winter Games），简称"2022年北京冬奥会"，在北京成功举办，那么如何在万方数据知识服务平台检索关于"北京冬奥会"的文献资料？

解析：制定检索策略，选择全部资源，检索字段为题名，检索词为"北京冬奥会"，检索结果如图3-38所示。在检索结果中，可以选择不同分组进行浏览或者进一步细化检索，检索出来的文献可以选择只显示全文，选择不同排序可以快速检索出所需文献。例如，选择被引频次找到高被引文献，了解研究热点。如果想要下载可以直接点击下载按钮进行下载，文献都是PDF格式，安装PDF阅读器即可进行全文阅读浏览。还可以对检索出来的文献进行结果分析（图3-39），可以从年份、关键词、作者、机构、学科等方面对文献进一步分析，帮助用户更深入了解文献资料。例如，关键词分析能找到相似研究，扩大研究范围，作者分析能找到高发作者的研究，学科分析能发现学科研究动态。

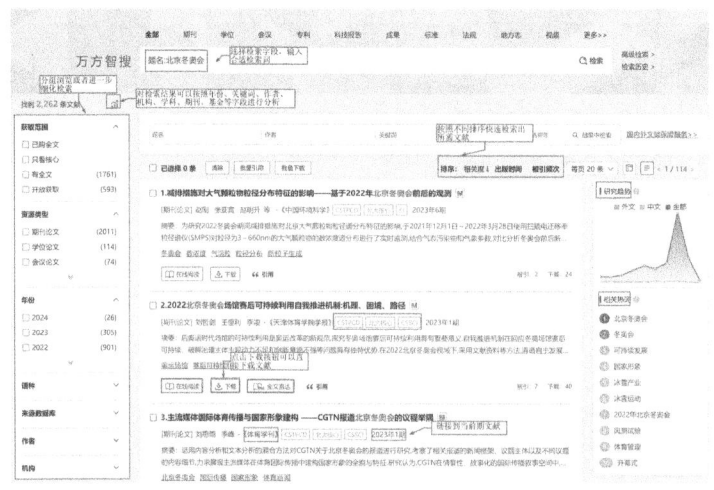

图3-38　万方智搜检索"北京冬奥会"结果

图3-39　结果分析之关键词分析

2. 智能化检索

万方智搜提供智能化检索，可以在检索框里输入学者名、机构名称、期刊名称等，这样可以检索出学者知识脉络、机构知识脉络，帮助用户更好地了解学者或者机构科研动态，把握研究前沿、研究热点。例如，在检索框里输入胡玉清，选择胡玉清北京政法职业学院（图3-40），可以看到其学术发文总量、总被引频次、研究成果、研究兴趣等。同样，机构知识脉络如图3-41所示，可以了解机构学术发文总量、核心收录、发文趋势、被引趋势、研究主题、代表学者等，帮助机构了解自己的学术情况，有助于机构的学术研究。

万方智搜提供便捷的智能化期刊检索，提供以下几种检索期刊的方法：①在万方智搜检索框中输入期刊名称，可以直接链接到期刊的详情页面（图3-42）；②从发表文献的来源中链接期刊详情页面；③选择期刊库，在检索框中输入期刊名称，直接链接期刊详情页面（图3-43）；④在首页选择期刊导航，在导航页面进行刊首字母、核心收录、收录地区、出版周期等导航组合选择（图3-44）；⑤直接在检索框中输入期刊名称，方便快捷检索出期刊（图3-45）。

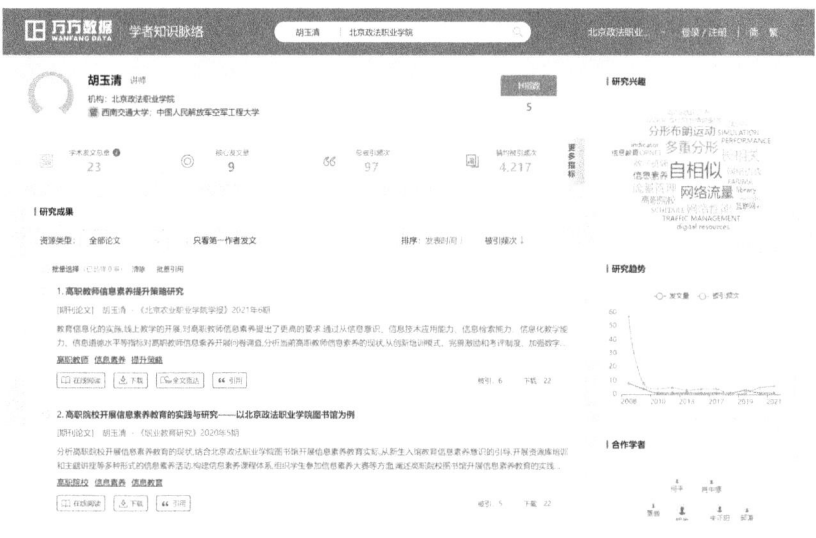

图3-40　学者知识脉络界面

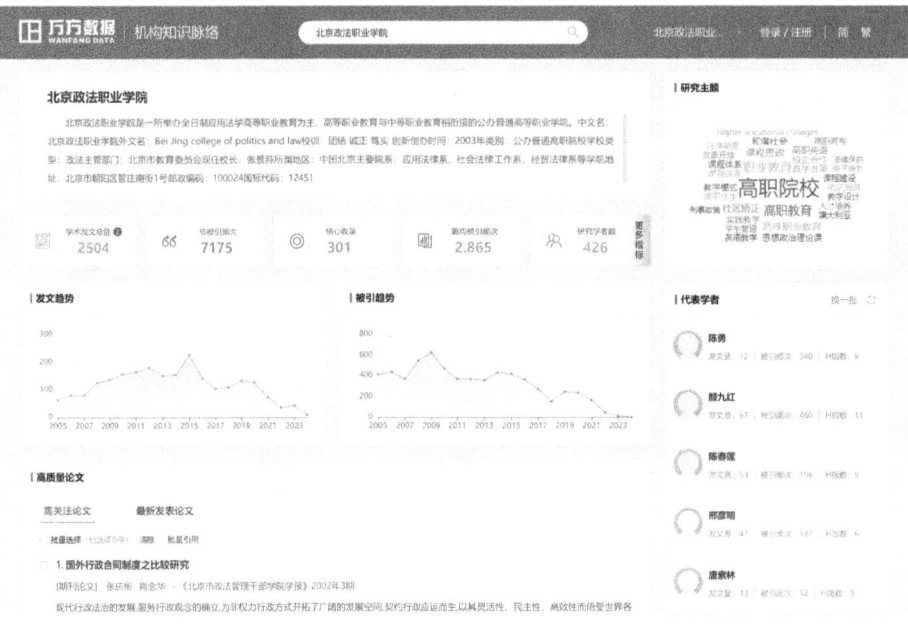

图 3-41 机构知识脉络界面

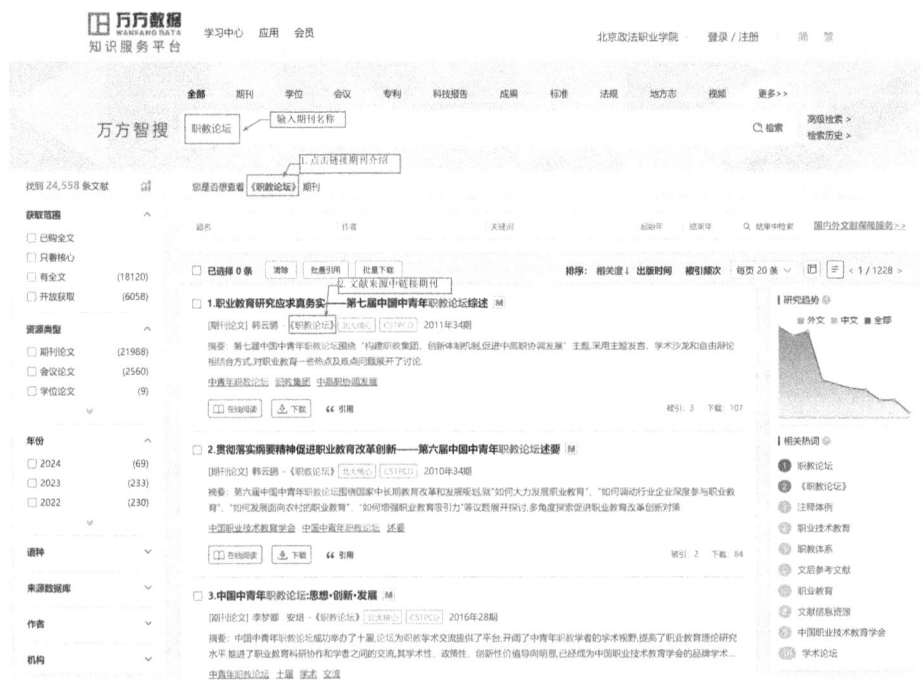

图 3-42 万方智搜检索期刊名称结果

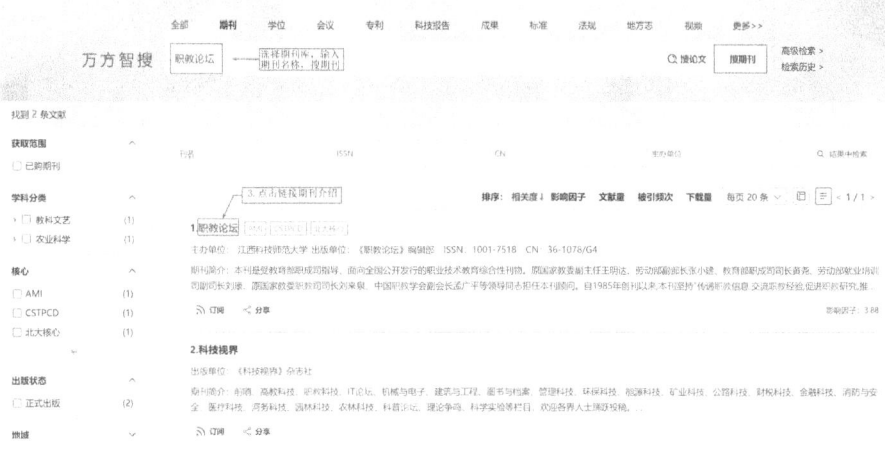

图 3-43 期刊库单库检索期刊名称结果

中国学术期刊数据库（China Online Journals, COJ），收录始于1998年，包含8500余种期刊，其中包含北京大学、中国科学技术信息研究所、中国科学院文献情报中心、南京大学、中国社会科学院历年收录的核心期刊3300余种，年增300万篇，每天更新，涵盖自然科学、工程技术、医药卫生、农业科学、哲学政法、社会科学、科教文艺等各个学科。

图 3-44 期刊导航检索结果

图 3-45　期刊导航中检索期刊名称结果

当要查找一篇文献，但以文献题名可能查询不到时，就可以通过发表的期刊找到该篇文献。

例如：万方数据知识服务平台收录了发表于《天津教育》2020 年 09 期的《寓教于乐学诗词——＜中国诗词大会＞对小学语文古诗词教学的启示》一文，请找到该篇文献全文？

解析：通过文献题名，没有查询到该篇文献。进一步查找，先找到期刊《天津教育》，然后找到"2020 年 09 期"，最后按照题名检索，就可以找到所要的文献资料（图 3-46）。

图 3-46 在期刊内检索文献信息

3. 高级检索

当要查询文献，且知道两个或两个以上条件或者检索词时，就可以使用高级检索提高效率，准确找到所需文献。

例如：铁凝是现任中国文联主席，其代表作包括《玫瑰门》等。在万方数据知识服务平台中发现，作者赵欢欢写了一篇研究《玫瑰门》的学位论文。请查询该篇论文，了解研究的内容？

解析：根据需求信息，知道作者和研究主题等两个关键词，而且是学位论文，选择高级检索，高级检索同样可以跨库检索和单库检索，能定位到单库检索就选择单库，这样检索更精准，否则选择全部即跨库检索，本文献定位到学位论文，检索字段为主题与作者，检索词分别为"玫瑰门"与"赵欢欢"，检索结果如图 3-47 所示。

图 3-47　万方智搜高级检索界面

万方数据知识服务平台高级检索还提供中英文扩展和主题词扩展等智能检索功能来扩大检索范围，以便用户检索到更多的文献，同时还提供检索历史功能，帮助用户记录之前检索过的文献类型、检索式，更好地为用户提供检索服务。

第三节　创业场景下的信息检索

专利和标准文献在促进技术创新、发明创造、创新成果的传播和应用推广、学生创新创业方面具有举足轻重的作用，本节重点介绍了专利和标准文献数据库系统及专业网站，为发明创造和寻找标准文献提供了方便，助力高职院校学生创新创业。

一、专利信息检索

（一）专利知识概述

专利其实是一项发明创造，在国内是指专利局颁发的确认申请人对其发明创造享有专利权的专利证书或指记载发明创造内容的专利文献，指的是具体的物质文件。专利按持有人所有权分为有效专利和失效专利。专利的种类在不同的国家有不同规定，在中国《专利法》中规定有3种类型（表3-1）：发明专利、实用新型专利和外观设计专利。

表3-1　3种专利的定义与特点

名称	定义	期限/年	特点	申请文件
发明专利	指对产品、方法或者其改进所提出的新的技术方案	20	具有突出的实质性特点和显著的进步	请求书、说明书及其摘要和权利要求书等文件
实用新型专利	指对产品的形状、构造或者其结合所提出的适于实用的新的技术方案	10	具有实质性特点和进步	请求书、说明书及其摘要和权利要求书等文件
外观设计专利	指对产品的整体或者局部的形状、图案或者其结合以及色彩与形状、图案的结合所作出的富有美感并适于工业应用的新设计	15	与现有设计或者现有设计特征的组合相比，应当具有明显区别	请求书、该外观设计的图片或者照片以及对该外观设计的简要说明等文件

（二）专利检索平台

1. 万方数据知识服务平台中外专利数据库

中外专利数据库（Wanfang Patent Database，WFPD）涵盖1.5亿条国内外专利数据。根据专利信息的特征提供题名、摘要、申请号/专利号、公开号/公告号、申请人/专利权人、发明人/设计人等多个检索字段，用户可根据检索条件选择单个检索字段或者多个检索字段来限定检索。如果是单个检索字段，就选择一框式检索，如果是多个检索字段组合限定检索，可以选择高级检索。

例如，检索关于牙刷的专利有哪些？选择专利数据库进行一框式检索，输入检索词"牙刷"，检索结果如图3-48所示，可以分组浏览或者进一步检索，也可以重新排序，选出所需专利，需要的专利可以在线阅读，或者下载PDF格式的专利材料，也可以作为参考文献引用。

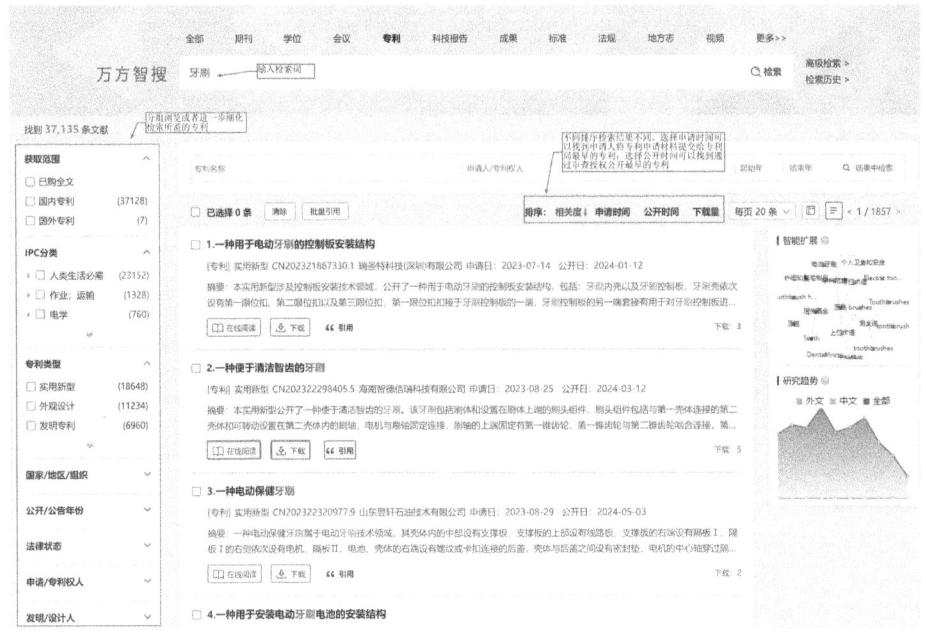

图 3-48 "牙刷"专利检索结果

如果知道专利信息的一个特征,那么就可以查询到该专利的具体内容。

例如:在万方数据知识服务平台上,查询申请号/专利号为 CN202020826925.2 的实用新型专利是什么?

解析:根据检索条件,只有一个检索条件,选择一框式检索,检索字段为申请号/专利号,输入"CN202020826925.2",检索结果如图 3-49 所示,在分组栏可以了解 IPC 分类、专利类型、国家/地区/组织、公开/公告年份、法律状态、申请专利权人、发明/设计人等信息,在检索结果中还可以查询专利权人其他专利,若要了解详情可以在线阅读或者下载下来。

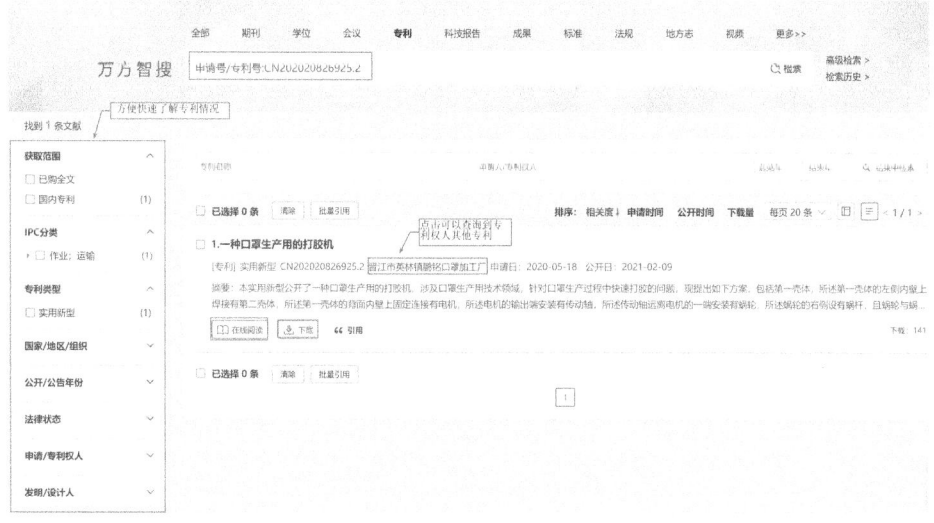

图 3-49　使用申请号/专利号检索结果

万方数据知识服务平台中外专利数据库高级检索中，检索字段添加了申请日、公开日、代理人、代理机构等，如果明确知道这些检索字段，或者如果知道两个或两个以上检索条件，可以使用专利数据库高级检索，提高检索效率。

例如：查询一下 2020 年以来，关于防勒耳口罩有哪些专利？

解析：根据需要查询信息，有时间和检索条件，需要口罩，但不是所有口罩，只需要防勒耳的，所以选择高级检索，检索字段为主题，检索词为"口罩 and 防勒耳"，申请日选择 2020 年至今，检索结果如图 3-50 所示，查询到 317 条符合条件的结果。

2. 国家知识产权局专利检索及分析系统

国家知识产权局专利检索及分析系统是集专利检索与分析于一体的涵盖多语种的综合性专利检索服务系统，这里重点介绍中文检索系统（图 3-51）。系统首次使用需要实名注册，依托于丰富的专利资源，系统提供检索、分析与热门工具等功能，为用户查询、分析专利提供了巨大便利。

图 3-50　高级检索结果

图 3-51　专利检索及分析系统界面

系统提供强大的检索功能，有常规检索、高级检索、命令行检索、药物检索、导航检索、专题库检索等，对检索结果可进行申请人分析、发明人分析、技术领域分析等。

（1）常规检索

常规检索包含自动识别、检索要素、申请号、公开号、申请人、发明人、发明名称等检索字段，根据具体检索词选择相应检索字段，而在自动识别下面可以输入关键词、申请号/公开号、申请人/发明人、申请日/公开日、IPC分类号/CPC分类号等让系统自动识别检索；在检索要素下面可以输入关键词，然后在标题、摘要、权利要求、分类号和说明书中同时检索。说明：常规检索支持 and、or、not 逻辑运算符，但 and、or、not 必须与前后检索词有空格。

例如：查找一下关于以人工智能决定其行动的机器人方面的专利有哪些？

解析：根据需求内容，检索字段可以选自动识别、检索要素、发明名称，检索词为"人工智能 and 机器人"。在这里选择检索要素，检索结果如图3-52所示，可以通过专利类型、是否有效，限定申请日、公开日、授权日进一步筛选；通过申请人、发明人、代理机构、代理人、申请年等分组细化检索结果；通过对申请日或者公开日排序可以查询到最新或者最早的专利；检索结果是以公开号、申请号、申请日、发明名称、申请人等信息简单明了呈现的，从检索结果中还可以了解到专利的摘要、主权利要求、著录项目、IPC分类、CPC分类、法律状态、同族、引证、被引证等信息。

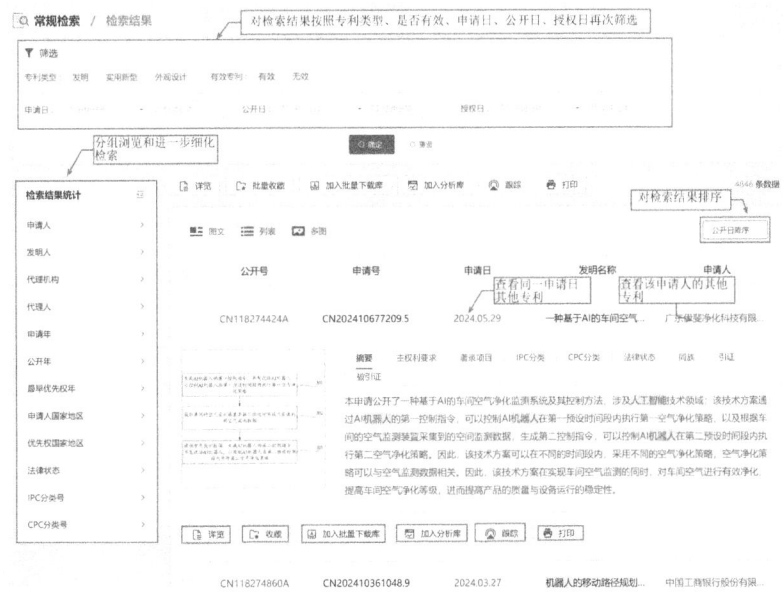

图3-52　常规检索结果

可以通过检索结果详览对专利著录项目、全文文本、摘要附图、说明书附图等信息进行详细了解（图3-53），对所需要的申请日、申请人等可以进行格式设置，通过翻译功能还可以将俄、德、法、日、韩文翻译成中英文，方便用户了解更多国家的专利。对专利信息还可以收藏、加入分析库、下载，对下载项目可以进行相关设置（图3-54），如果不想下载全部项目，只需选中所需项目，填好验证码，点击确定就可以了。

图3-53　检索结果详览

图3-54　专利文献下载设置

（2）高级检索

在首页选择高级检索，高级检索主要是根据收集的105个国家、地区和组织的专利数据信息提供丰富的检索入口及智能辅助的检索功能。可以根据用户的检索需求，在相应的检索项中输入相关的检索词，并确定这些检索项之间的逻辑运算关系，进而构建检索式进行检索。高级检索界面主要包含3个区域：检索范围、检索项、检索式编辑区（图3-55）。

例如：查询一下申请号为CN202210734083、公开号为CN115099895A的专利信息？

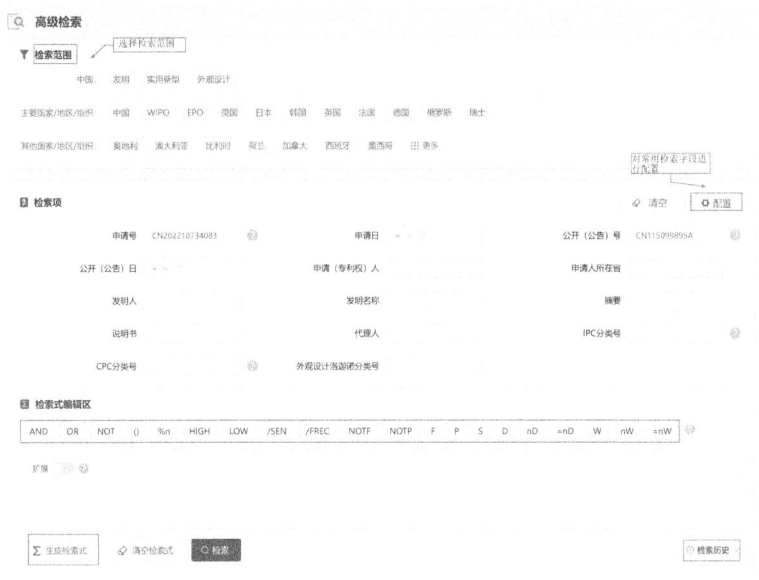

图3-55　高级检索界面

解析：第一步，选择检索范围，类型为发明，主要国家为中国；第二步，输入检索项，申请号为CN202210734083，公开号为CN115099895A；第三步，检索项之间的逻辑组配，"申请号＝（CN202210734083+）AND 公开（公告）号＝（CN115099895A+）"，点击检索在新的页面显示检索结果，检索结果界面同常规检索一样。说明：生成检索式默认检索项之间是AND逻辑。

为了获取更加全面的专利信息，可以打开扩展功能进行智能辅助检索。跨语言功能能够实现在中、英、日3种语言专利信息中进行检索。高级检索中检索历史提供当前用户下所有检索过的信息，通过输入编号或者检索式可以找到之前检索过的信息，可以进行引用或者检索操作。

（3）分析功能

分析功能涉及维护分析文献库、申请人分析、发明人分析、区域分析、技术领域分析、中国专项分析、高级分析、日志报告等，在分析之前，首先要创建分析文献库，如创建申请人为比亚迪的分析文献库，创建完成后，可以对分析文献库专利进行申请人分析、发明人分析等。下面介绍申请人分析功能（图3-56），申请人分析主要包括申请人趋势分析，即了解申请人每年申请的专利情况，以及对申请人技术领域、区域分布、有效专利数量、相对研发实力、技术重心指数及核心申请人等方面进行分析；可以添加分析条件，如只分析近5年申请的专利情况，展示形式可以选择更形象逼真的3D柱形图或者大家熟悉的柱状图、折线图、表格，分析结果可以以表格或者图片形式导出，也可以不导出，直接保存分析结果。

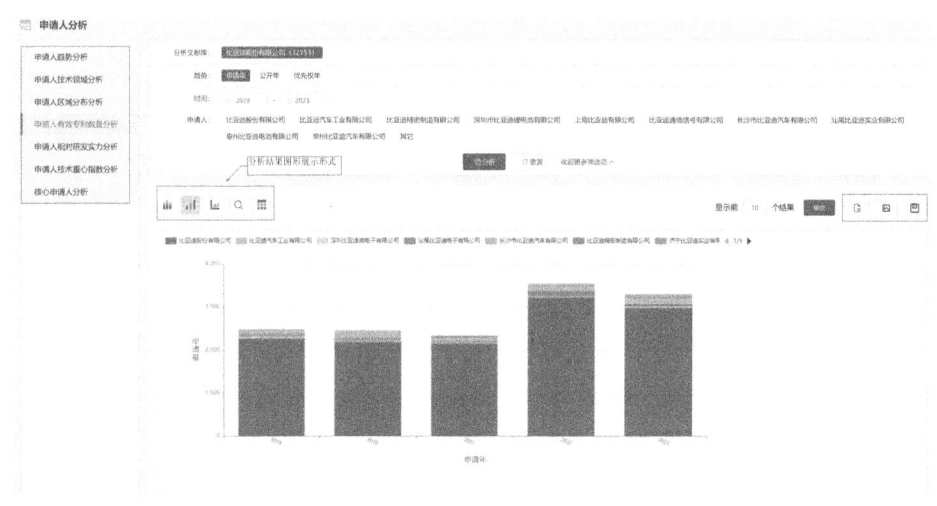

图3-56　分析功能图例

3. 中国专利信息中心专利之星检索系统

专利之星检索系统是基于国内首个自主知识产权检索系统CPRS，囊括全球105个主要国家/地区/组织超1亿条专利数据，集专利文献检索、统计分析、机器翻译、专利专题库、定制预警等功能于一体的多功能综合性专利检索服务平台。平台在使用时需要注册登录，平台收录了大量的专利信息，具有深层的专利数据，可以实现智能检索、表格检索、专家检索、号单检索、分类检索等功能，为用户提供智能化的专利检索。

（1）智能检索

智能检索可以在中国专利和世界专利两个范围内进行选择，输入关键词后在标题、摘要、申请号、公开号、公告号、IPC 分类号、申请人、发明人、日期等同时检索，为用户提供简单便捷的检索功能。例如，查询一下国内关于连花清瘟的专利文献有哪些？选择智能检索，检索界面如图 3-57 所示，检索范围选择中国专利，检索词为"连花清瘟"，检索结果如图 3-58 所示。

图 3-57　智能检索界面

可以按照专利类型、法律状态进一步细化筛选条件，检索结果支持按照公开日或申请日进行排序。如果需要著录项目、全文、说明书、权利要求等信息，点击专利标题可以查看，在全文 PDF 中可以下载、打印、收藏等。检索结果中还可以方便快捷地查看申请人、发明人、主分类、当前权利人等其他专利信息。

对检索结果可以进行趋势分析、技术分析、地域分析、申请人分析、发明人分析，而每个分析功能又从多个维度进行分析。例如，趋势分析又分为申请趋势、授权趋势、公开趋势，可以了解每年申请的、授权的、公开的专利数；地域分析又分为中国专利省市分析、省市趋势分析（图 3-59），可以了解到关于连花清瘟的专利在河北省申请得最多。

图 3-58　智能检索结果

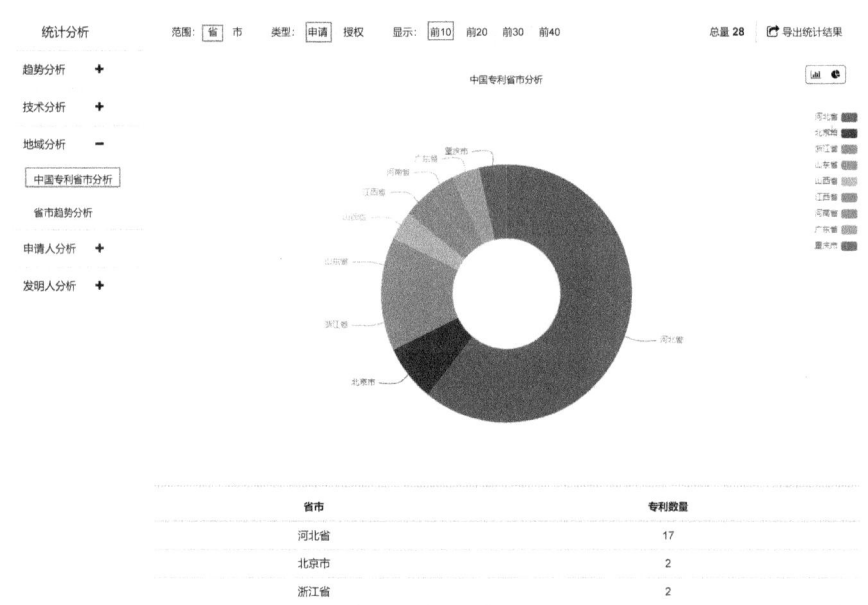

图 3-59　地域分析界面

在申请人分析中，可以从申请人排名、申请人申请趋势、申请人技术构成等 3 个方面进行分析（图 3-60），可以了解到石家庄以岭药业股份有限公司作为申请人在连花清瘟专利中,专利数量最多,达到 12 件,目前排名第一,在申请人申请趋势中又可以知道申请人在 2020 年申请的专利数量最多,达到 7 件,在申请人技术构成中又能了解到专利利用了哪些技术,从而帮助用户充分了解专利文献信息。

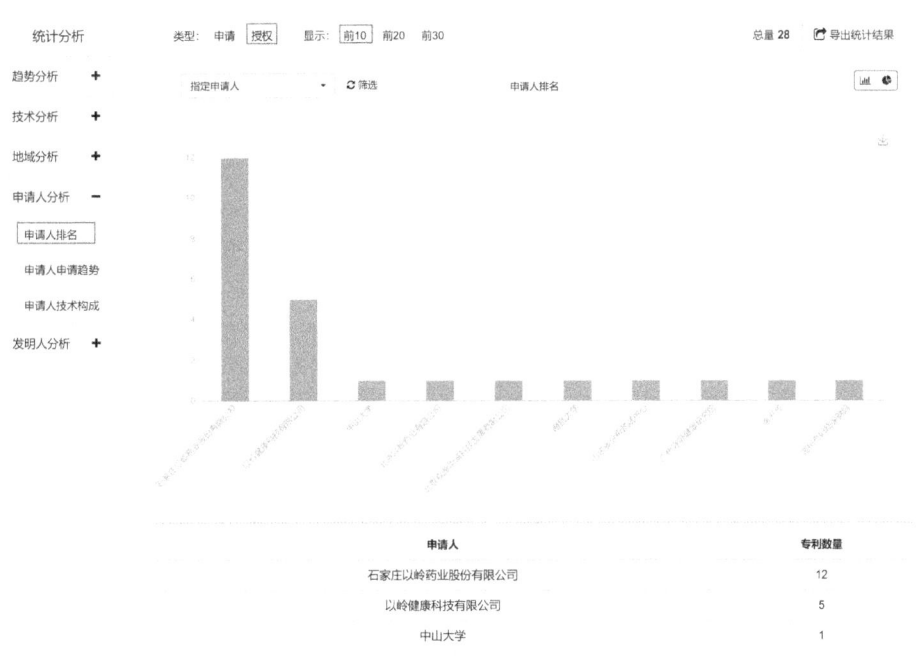

图 3-60　申请人分析界面

（2）表格检索

表格检索是以表格的形式呈现的,在相应的检索字段内输入合适的检索词,支持逻辑运算符 *（与）、+（或）、−（非）,（　　）（优先级）,以及位置符 adj、near,每个表格内即检索词之间可以进行超长的逻辑运算,检索字段之间也支持逻辑运算。

例如:查找申请人石家庄以岭药业股份有限公司申请的关于连花清瘟的但又不是口罩的专利有哪些?

解析:构造检索式,连花清瘟非口罩,标题处填"连花清瘟 − 口罩",申请人处填"石家庄以岭",申请人名称可以是完整的,也可以是包含的、一半的,生成检索式进行检索即可（图 3-61）。

图 3-61　表格检索界面

二、标准信息检索

（一）标准知识概述

GB/T 20000.1—2014《标准化工作指南第 1 部分：标准化和相关活动的通用术语》附录 A 表 A.1 序号 2 中对标准的定义是：为了在一定范围内获得最佳秩序，经协商一致确立并由公认机构批准，为活动或结果提供规则、指南和特性，供共同使用和重复使用的文件。

标准是科学、技术和实践经验的总结，为在一定的范围内获得最佳秩序，对实际的或潜在的问题制定共同的和重复使用的规则的活动，即制定、发布及实施标准的过程，称为标准化。

标准文献的种类如表 3-2 所示。

表 3-2 标准文献的种类

分类	类型	定义	案例
按使用范围	国际标准	国际通用的标准	ISO/IEC
	区域标准	某一区域标准化团体通过的标准	欧洲电信标准 ETS
	国家标准	国家标准化管理委员会发布	国家标准 GB
	行业标准	对没有国家标准而又需要在全国某个行业范围内统一的技术要求所制定的标准	卫生标准 WS《7岁以下儿童生长标准》WS/T 423—2022
	专业标准	在某专业范围内统一的标准	美国石油学会标准（API）
	团体标准	由团体按照团体确立的标准制定程序自主制定发布，由社会自愿采用的标准	《儿童青少年近视防控中医适宜技术临床实践指南》T/CACM 1397—2022
	地方标准	在某一地区范围内统一的标准	《学校食堂建设和食品安全管理规范》DB43/T 2142—2021
	企业标准	对在企业范围内需要协调、统一的技术要求、管理要求和工作要求所制定的标准	《儿童口罩》Q/TYHK 005—2020
按内容划分	基础标准	在一定范围内可以直接应用，也可以作为其他标准的依据和基础，具有普遍的指导意义	电子工业技术标准制修订工作有关规定和要求
	产品标准	为保证产品的适用性，对产品必须达到的某些或全部要求所制定的标准	总规范（通用规范）
	方法标准	以试验、检查、分析、抽样、统计、计算、测定、作业等各种方法为对象制定的标准	计算方法、作业指导书

续表

分类	类型	定义	案例
按约束力	强制性标准	在一定范围内通过法律、行政法规等强制性手段加以实施的标准	《机动车玻璃安全技术规范》GB 9656—2021
按约束力	推荐性标准	自愿性、非强制性标准	《智能消费品质量安全管理指南》GB/T 41849—2022
按约束力	指导性技术文件	为仍处于技术发展过程中的标准化工作提供指南或信息，供科研、设计、生产、使用和管理等有关人员参考而制定的标准文件	《公众电信网 远程医疗系统技术要求》GB/Z 41820—2022

国内标准号的构成如表 3-3 所示。

表 3-3 国内标准号的构成

标准类型	构成方式	案例
国家标准	GB（GB/T）标准顺序号—发布年号（修改年号）	GB 9656—2021
行业标准	行业标准代码/T 标准顺序号—发布年号	QC/T 1128—2019
地方标准	BD 行政区划代码前两位/T 标准顺序号—发布年号	BD11/T 2021—2022
团体标准	T/社会团体代码 标准顺序号—发布年号	T/CSVA 0103—2022
企业标准	Q/企业代码 标准顺序号—发布年号	Q/371423MLH 003—2022

国际及国外标准号形式各异，但基本结构为：标准代号＋专业类号＋标准顺序号＋年代号，如 ISO/IEC TR 20000-7：2019。

（二）标准检索平台

1. 万方数据知识服务平台标准数据库检索

万方智搜中外标准数据库（China Standards Database）收录了所有中国国家标准（GB）、中国行业标准（HB），以及中外标准题录摘要数据，共计 240

余万条记录。系统支持题名、关键词、标准编号、起草单位、发布单位等检索字段，检索方式有一框式检索和高级检索。

（1）一框式检索

例如：查询关于口罩的标准有哪些？

解析：选择万方数据知识服务平台标准数据库，在万方智搜一框式检索中输入检索词"口罩"，检索结果如图3-62所示。根据分组，按是否为强制性标准、中标分类、发布年份、标准状态、标准组织等进一步细化检索；检索结果可以进行相关度或发布日期排序，也可以实现在线阅读、下载、引用。选择有全文，点击题名可以查看检索到的标准详细内容（图3-63），在详细内容页面除了显示标准编号、发布日期外，还可以查询该标准是否是强制性的，以及实施日期、开本页数、中国标准分类号、国际标准分类号等信息，也可以查询到相关主题、相关学者、相关机构等信息。

图3-62　标准一框式检索结果

图 3-63　标准详细内容页面

（2）高级检索

万方数据知识服务平台标准数据库高级检索支持题名、关键词、标准编号、发布单位、中国标准分类号、国际标准分类号等检索字段，还支持限定发布日期、实施日期，以及智能检索等功能，同时可以进行模糊或精确匹配。如果知道两个或两个以上检索字段，就可以使用高级检索来提高检索效率。

例如：查询一下 2019—2022 年发布的关于口罩的标准有哪些？

解析：口罩可以作为题名也可以作为关键词，所以以检索字段为题名或关键词，时间为 2019-01-01—2022-12-31，选择精确匹配，检索结果如图 3-64 所示，检索结果的呈现跟一框式检索一样，也可以进行在线阅读、下载或引用等。

图 3-64　标准高级检索结果

2. 国家标准化管理委员会

国家标准化管理委员会平台里面嵌入了国家标准全文公开系统和全国标准信息公共服务平台，可以实现国家标准、行业标准、地方标准、团体标准、企业标准、国际标准、国外标准的查询，以及国家标准公告、行业标准和地方标准备案月报的查询。

国家标准全文公开系统可以实现对强制性国家标准、推荐性国家标准、指导性技术文件的检索，支持对标准号或标准名称等检索字段进行检索，同时支持对标准状态、发布日期、ICS 分类等条件进行筛选。

例如：查询一下关于牙刷的国家标准有哪些？

解析：检索词为"牙刷"，检索结果如图 3-65 所示，可以通过标准状态、发布日期、ICS 分类等细化筛选条件进一步检索，检索结果以标准号、标准名称、状态、发布日期、实施日期呈现，通过点击标准号或查看详细，可以在线预览或者下载标准（图 3-66）。

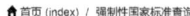

图 3-65　强制性国家标准检索结果

图 3-66　详细内容页面

全国标准信息公共服务平台（https：//std.samr.gov.cn/gb）是集国家标准、行业标准、地方标准、团体标准、企业标准、国际标准、国外标准等于一体的标准系统（图3-67）。例如，国家标准下，平台对拟立项标准公示，以及正在起草、征求意见、正在审查、正在批准的国标计划可以查询，对即将实施、现行标准、废止标准等也可以检索查看。

图3-67　全国标准信息公共服务平台界面

行业标准和地方标准信息服务平台支持标准查询、月报查询、标准公告查询等功能，其中标准公告涉及发布公告和废止公告。标准查询支持标准号或标准名称检索字段。例如，查询一下7岁以下儿童生长标准。检索结果如图3-68所示，当不知道标准号和标准名称时，可以根据筛选条件进一步细化。检索结果以标准号、标准名称、行业领域、状态、批准日期、实施日期呈现，点击标准名称可以了解标准详细内容。

图 3-68 行业标准信息服务平台检索结果

3. 中国标准化研究院

中国标准化研究院（https：//www.cnis.ac.cn/pcindex/）隶属于国家市场监督管理总局，是开展基础性、通用性、综合性标准化科研和服务的社会公益类科研机构。平台可以提供标准化服务，集中国标准服务网、国家标准文献共享服务平台、全国团体标准信息平台、缺陷产品管理中心、标准化评估服务平台、标准化中英双语智能翻译云平台等于一身，可以进行国家标准、行业标准、地方标准、团体标准、国际国外标准查询，以及标准化评估服务，不过有些服务是需要付费的。其中，国家标准馆是我国唯一的国家级标准文献和标准化图书情报的馆藏、研究和服务机构，是国家标准文献中心，是我国馆藏历史最久、资源最全、服务范围最广、影响最大的权威标准文献机构。国家标准馆提供标准文献资源检索服务，对新发布、将实施、将作废/新作废标准进行动态公布,还提供标准查新服务。资源检索服务提供一框式检索、高级检索和批量检索,满足标准文献检索的不同需求(图3-69),一框式检索支持标准号或关键词检索。例如,查询一下关于牙刷的标准有哪些?就可以在一框式检索中输入"牙刷",检索结果如图3-70所示,可以对发布单位、中国标准分类、国际标准分类、发布年代、标准状态、检索范围等进一步细化,如标准状态只需要现行、检索范围选择不包含全文,从而对检索结果进一步细化;对检索出来的标准,可以以标准号、发布日期、实施日期重新排序,可以找出最新发布标准或新实施标准。

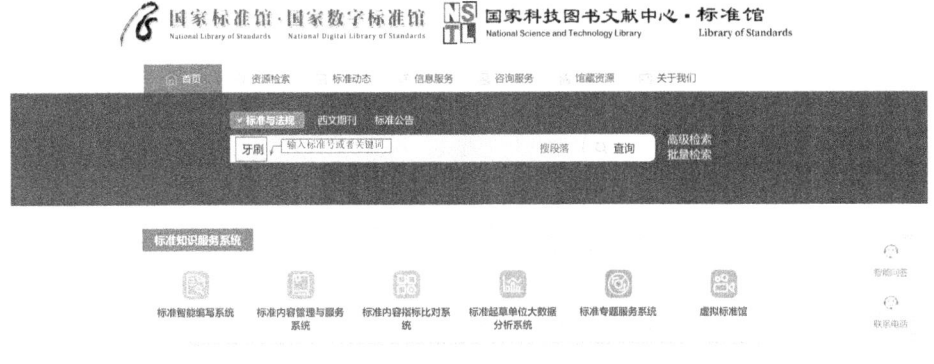

图3-69 国家标准馆检索界面

图3-70 检索结果界面

标准获取的其他途径：①国内标准服务网站，如国家标准频道（http://www.chinagb.org/）、中国标准服务网（https://www.cssn.net.cn/cssn/index）；②国外标准服务网站，如美国国家标准系统网（http://www.ansi.org/）；③行业主管网站，可以在上面获取行业标准，如国家铁路局网站（发布《铁路工程管线综合设计规范》等行业标准）。

第四章 高职院校信息素养教育的实践

第一节 基于线上的信息素养教育实践应用

随着数智时代的到来，对学生进行信息素养教育已经引起各个部门的高度重视。从 2018 年教育部发布的《教育信息化 2.0 行动计划》到 2020 年教育部办公厅印发的《2020 年教育信息化和网络安全工作要点》，都对师生信息素养提出了明确要求。2022 年，中央四部委联合印发了《2022 年提升全民数字素养与技能工作要点》，可见国家对信息素养教育的重视。同时一些高职院校修订人才培养方案，将"信息检索与利用"课程纳入全院公选课序列。但根据信息素养的内涵，信息素养教育不只是信息检索，并且线下"信息检索与利用"公选课很容易受其他因素的影响，如突如其来的疫情、时间上跟其他课程冲突等，致使很多学生无法选报学习。为了能对更多的学生进行信息素养教育，培养信息意识、提升信息检索能力，也为了不受其他因素的影响，构建线上信息素养教育资源显得非常重要。

一、线上信息素养教育资源建设

通过研究，线上信息素养教育资源着重建设以下几个方面。

①跳出传统"信息检索与利用"课程的框架，重新定义信息素养教育的核心和逻辑。从"信息素养"而非"信息检索"这个角度来定义信息素养教育的整体逻辑与内容框架，通过内容的安排和设计重点解决"提升信息素养""强化探究精神""培养解决问题（包括终身学习在内）能力"3 个核心问题。提升信息素养方面，在注重"信息检索"的同时强化信息意识、信息能力、信息道德伦理、信息需求识别、信息评价、信息管理等方面的训练。

②建立线上信息素养教育平台，不受空间、时间的限制，随时随地学习。新生入馆教育进行在线培训，采用微视频、答题闯关、在线游戏等新的方式对新生进行培训；通过超星学习通平台建设"信息检索与利用"课程的

在线教学资源,包括电子教材、辅导用书、PPT、题库、视频等资源建设,从而能够进行线上教学;通过腾讯会议、超星学习通等对师生进行数据库培训,或者通过微课程视频讲解数据库的使用。

③扩展学习的外延,组织参加各种信息素养比赛,以赛促教、以赛促学、以赛促建。通过比赛让学生体会到学习信息素养课程既能学到信息检索知识、检索技能、检索技巧,还能有益于今后学习、生活、工作。将信息素养教育的外延扩展到生活、工作、学习等各个方面,教育内容选择的范围更为广泛,更贴近实际,更具有操作性、实战性。

二、线上信息素养教育资源开展

(一)基于线上的新生入馆教育

新生入馆教育是每个大学生走进大学的第一堂课,对刚跨入大学校门的莘莘学子来说非常重要,对图书馆来说,也是一次能够让所有新生全面了解图书馆的机会,可见新生入馆教育的重要性。线下新生入馆教育,每年会在新生开学报到后,集中一天以班为单位进行,让学生进入图书馆参观,了解图书馆空间布局;老师讲解图书借还、电子阅览室、电子触摸屏、自助打印、wifi 等图书馆服务。但因为时间关系,数字资源的使用、图书馆网站及微信公众号提供的服务无法让学生了解,再加上 2020 年初,突发疫情,线上新生入馆教育无疑成了最好的形式,不仅是对线下入馆教育最好的补充,而且避免了疫情期间大规模聚集的风险。根据学院图书馆的实际情况,以微视频、动漫、答题闯关等形式建设线上新生入馆教育系统(图 4-1、图 4-2),帮助大一新生了解图书馆概况、入馆须知、图书借还、数字资源、读者服务等相关知识,同时制作了图书馆宣传片,并在图书馆网站、微信公众号、学习通移动图书馆上设立新生入馆教育专栏。学生可以通过 PC 端或移动端进行自主学习,如果进行知识闯关,就必须进行一卡通登录(图 4-3),知识闯关能够加深学生对图书馆的了解。

图 4-1 新生入馆教育开始闯关界面

图 4-2 新生入馆教育系统整个界面

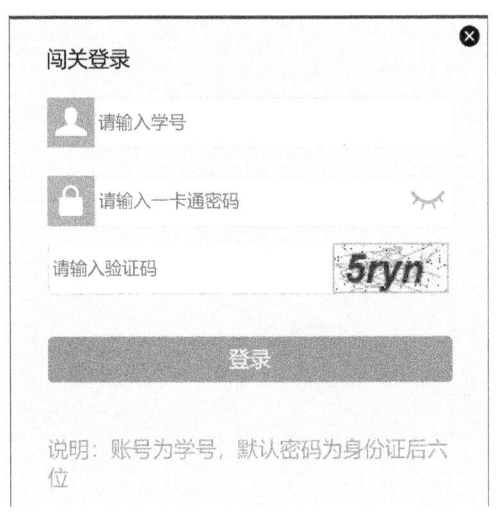

图 4-3 一卡通登录界面

另外，线上新生入馆教育系统还可以方便学生对掌握不牢固的知识点进行随时学习，不受时间和空间的限制，通过图 4-4 可以看出学生的答题情况，通过图 4-5 可以看出不同知识点的学习人数。

类型	题型	内容	答案	错误数	答题数	错误率
专科生	多选题	以下属于我馆购买的法律类数据库的是？	-	425	592	0.72
专科生	单选题	学生读者最多可借多少册图书？	-	319	678	0.47
专科生	单选题	同学们想要看最新的《读者》《意林》等人文社科期刊杂志可以通过哪个数据库？	-	392	839	0.47
专科生	多选题	我馆拥有丰富的电子书资源，以下属于电子图书资源的是？	-	220	572	0.38
专科生	判断题	学生读者只能在图书借出15天后并在图书到期前续借该图书，其他时间段不能续借。	-	65	199	0.33
专科生	单选题	数字阅读空间免费为读者服务，每人每天可免费上机（ ）小时，不提供续机操作。	-	118	372	0.32
专科生	多选题	以下属于我馆购买的电子资源有？	-	166	566	0.29
专科生	判断题	图书馆周五开馆时间为8：00——12：00，下午闭馆。	-	129	452	0.29
专科生	单选题	图书馆对超期没有办理续借手续而不清还图书者给予（ ）处理。	-	91	357	0.25
专科生	单选题	学生读者借书期限是多长时间？	-	129	662	0.19

图 4-4 新生入馆教育系统答题情况界面

节	总数
中图法	770
本馆概况	1659
数字资源简介	784
文明公约	916
微信	867
数字资源使用规定	710
馆藏分布	1599
索书号	704
借阅须知	784
自助文印机	772

图 4-5　新生入馆教育系统数据统计界面

（二）基于超星学习通的线上信息素养教育

在移动互联网和智能手机等移动设备飞速发展的今天，智能手机带给学生的学习兴趣远远大于传统教学，再加上高职院校学生的特点，为了激发学生学习的积极性和创造性，达到良好的信息素养教育效果，学院图书馆在信息素养教育方面积极转变教学方式和教学模式。超星学习通是一款可以安装在智能手机上的智慧教学平台，具有海量的免费教学资源、富媒体资源，数据同步的同时还拥有强大的社交功能，最重要的是不受时空的限制，学生可以利用智能手机随时随地学习，学习过程可以全部记录。因此，学院图书馆在超星学习通平台上搭建了"信息检索与利用"课程体系，用于信息素养教育线上教学。

1. 发布教学资源

根据"信息检索与利用"课程标准和教学大纲，教师有选择性地向学生推送多种形式的课程资源，包括微课、视频、PPT 课件等，同时推送教学大纲中需要预习的内容。图 4-6 为课程章节首页。

图 4-6　课程章节首页

2. 课前预习

教师利用通知功能发布课前预习内容，可以根据教学资源及课前习题测验，让学生自主学习，对于不懂的知识点可以先自行搜索要学习的知识背景，提前对课程进行预习。

3. 课中环节

课堂上教师根据课前学生的学习反馈，有针对性地对本堂课的知识重难点进行讲授，学生通过课前的预习及课堂中的学习建立新旧知识的联系，并重构知识体系，形成新的知识系统。课堂上要充分利用学习通平台功能。

（1）快捷方便的签到功能

传统的线下课堂都是以教师按照花名册点名答到的方式来考核学生的出勤，不仅统计麻烦，还会出现代签的情况。而超星学习通平台可以通过手势、位置、二维码等方式方便快捷地统计学生出勤情况，还可以做到定位上课地点，以防止代签。教师课前发起签到活动，学生通过手机移动端学习通收到消息，在规定时间内完成签到，教师通过平台可以很快看到未签到学生信息，签到数据也可以很方便地导出（图 4-7）。这种实用新颖的签到方式比传统点名要快捷方便，也更省时省力。

（2）交流讨论功能

课前，针对预习的情况教师利用超星学习通平台提供的班级讨论功能引导学生进行分组讨论，让学生通过讨论分析自己找寻问题的解决方案，为后面课堂的教学做好准备。课中，教师针对教学目标中的重点问题可以通过讨论功能来完成讲授，教师提供思路，学生分组后通过主题讨论、群聊等方式进行自主探究，这不仅充分调动了课堂中学生学习的积极性，还可以让教师借此了解学生对知识点的掌握情况。课后，学生也可以通过超星学习通的讨论模块，发布感想与体会，还可以与教师和同学们展开讨论交流。教师与学生、学生与学生、学生与知识点的互动交流，更能激发学生学习的兴趣。

4. 课后环节

（1）布置批改和完成作业

课后，教师根据班级的学习情况和知识掌握程度，通过学习通平台布置个性化的作业，以及推送相应的学习资源给学生。学生通过学习通移

图 4-7　签到情况展示

动端随时随地接收消息，在规定的时间内完成教师布置的作业并及时提交（图4-8）。利用学习通作业批改功能，系统可自动批改客观试题，主观试题需要教师批改，给出分值后系统自动计算总分，减轻了教师重复批改作业的负担，从而让教师抽出更多时间和精力进行教学设计和方法改进。利用系统错题统计功能，教师能够了解到学生出错率较高的题目，教师可通过学习通的直播或者录制视频功能再进行讲解，并及时推送给学生，学生通过移动端可以随时随地观看教师的讲解，从而提高了学习效率。

教师还可使用系统的打回重做功能，将不合格的学生作业及时打回并给出原因，实现师生一对一的指导。

图 4-8　课后作业布置

5. 教学评价

（1）平时成绩

教师可以通过超星学习通平台的学情统计功能，根据章节学习次数、出勤签到、作业完成、参与讨论活动等情况及时掌握每个学生的学习动态（图4-9），通过导出的数据进行综合分析，对学生进行客观公正的评价，并将这些数据作为平时成绩，数据还可以下发给学生，让学生自行查看学习任务完成情况，进而督促学生自主学习，教师通过这些数据分析的结果对教学内容进行设计调整，反思教学过程，进一步提高教学效果。

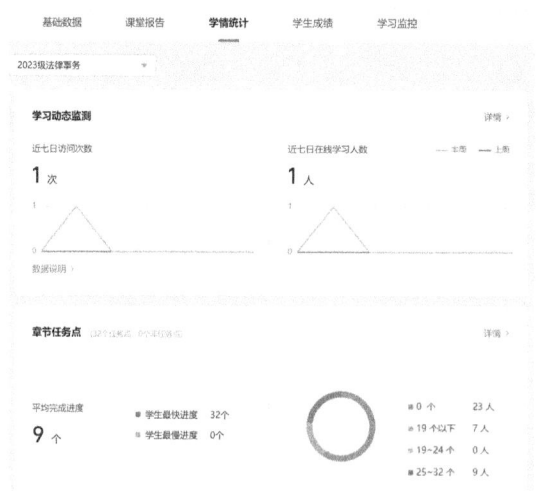

图 4-9　学情统计

（2）过程化考核成绩

"信息检索与利用"课程是一门实践性很强的方法课，学生不仅要学习信息检索的相关理论，更主要的是要通过实践环节来熟练掌握各种检索工具，以及数据库系统与网络资源的使用方法，培养学生的检索能力。传统的闭卷考试不是这门课程最恰当的考核方式，除了助长记忆性学习外，无法很好地提高学生的检索能力。因此，"信息检索与利用"课程采取过程化考核方式，即每一个专题与案例实战练习讲授完毕，任课教师会布置一次与该专题或案例相关的考核作业，这种考核方式与学生的学习过程同步，使学生在学习中变被动为主动，始终带着问题学习、思考，避免了死记硬背，能够更好地考核学生动手操作的能力，有效地提升了教学质量和效果。

总评价成绩分成两个部分，包括过程化考核成绩和平时成绩，过程化考核成绩占60%，平时成绩占40%。即在课程开始不久后，由任课教师给出操作课题，发布考试通知，同时组织学生按专业或兴趣分组选择拟完成的课题，在所有内容讲授完毕后，由学生以小组为单位完成一个检索课题。考核内容及评分标准如表4-1所示。

表4-1　"信息检索与利用"课程过程化考核内容及评分标准

周次	项目名称	考核内容	评分标准	考核方式
4	网络信息的检索与利用	通过互联网能够对生活、学习、工作场景下的信息进行检索	15分。 ①能够分析检索问题（5分）； ②选择检索工具与方法（5分）； ③实施检索过程（5分）	学习通上传检索过程
6~12	图书馆数字资源的科学利用	利用中国知网、万方数据、超星发现、移动图书馆等数据库进行某一文献检索操作	15分。 ①通过主题进行文献检索（3分）； ②通过关键词进行文献检索（3分）； ③通过篇名进行文献检索（3分）； ④通过作者进行文献检索（3分）； ⑤通过摘要进行文献检索（3分）	学习通上传检索过程
		利用博看、读秀等对电子期刊、电子图书进行检索操作	10分。 ①通过标题进行期刊检索（5分）； ②通过标题进行图书检索（5分）	学习通上传检索过程

续表

周次	项目名称	考核内容	评分标准	考核方式
16	课题研究检索案例	根据信息检索课题案例，对课题做出具体的检索流程步骤	20分。 ①能够分析课题内容、背景、意义，进行信息需求分析（5分）； ②正确选择检索工具并确定检索策略和检索方式（5分）； ③获取文献（5分）； ④对检索结果进行分析（5分）	学习通上传检索过程
18	信息资源的综合利用及课程设计模块	根据不同专业分小组，设计不同的课题进行文献综述的撰写	40分。 ①标题（5分）； ②摘要和关键词（5分）； ③前言（5分）； ④正文（15分）； ⑤结语（5分）； ⑥参考文献（5分）	学习通以小组为单位上交文献综述报告

（三）线上培训讲座

线上培训讲座一般利用直播或录制好的培训视频开展在线学习，师生学习时可以使用电脑（台式、笔记本、平板）、智能手机等形式参加，直播平台有腾讯会议、腾讯课堂、哔哩哔哩、超星学习通等。线上培训开始前，会把培训时间、直播平台、培训内容通过图书馆网站和微信公众号发布出来，以便师生参加学习。线上培训内容有数据库的使用，可以是馆员进行培训或者邀请数据库商来培训，如万方数据库在线培训、中国法律数据库培训等；还有主题讲座，如知网研学"论文读写入门"系列公益讲座、大学生读书党史系列讲座"穿越时空看长征"、"PPT审美及设计排版"等PPT设计系列直播讲座。录播的有超星发现、学习通、读秀等一系列数据库的使用培训。例如，校园师生讲坛特别录制了"青春阅享会"视频读书讲座等一系列主题讲座，吸引了众多师生观看学习，留言评论。

线上培训的优势是直播培训时可以同时录制视频，没有参加直播的师生后期还可以观看学习，让培训视频得到反复的学习利用，这样便于师生充分利用自己的时间进行学习，学习中若知识点没有掌握牢固，也可以反复观看学习，并交流评论，培训的效果比较好。尤其是培训中的云录制，保存起来方便，还不占用设备的存储空间，为手机端提供了更大的便利。云录制是对培训内容进行录制并保存在云端，以便参加培训的师生可以在培训过后，在历史会议中随时查看，回放培训内容（图4-10）。

（四）线上的信息素养大赛

学院图书馆利用各种平台组织学生进行在线的信息素养比赛，以赛促学，学以致用。比赛的类型有专门给新生开设的专场竞赛、与单个数据库合作举办的比赛。例如，通过高校信息素养教育数据库提供的平台进行线上信息素养大赛（图4-11）；还有图书馆每年举办的校内信息素养比赛，以及连续5年参加的北京地区及全国高职高专院校

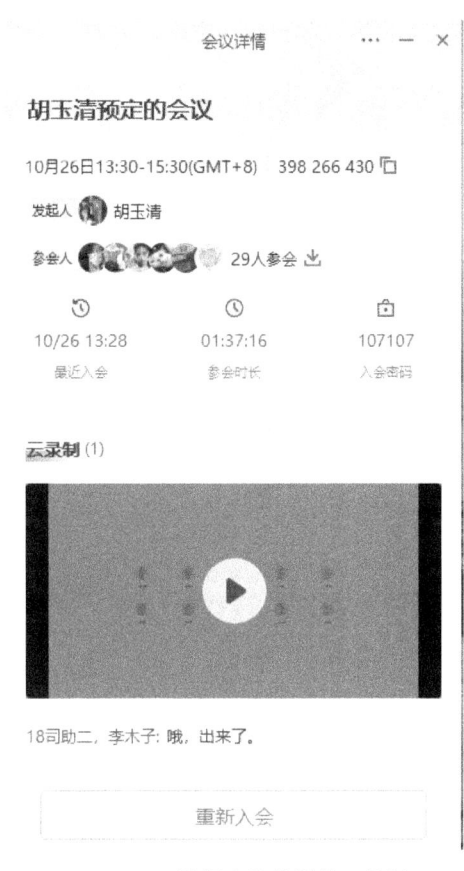

图4-10 视频会议培训的云录制

信息素养大赛（图4-12）等，大赛得到学校领导和部门的高度重视，每年比赛都需要给学校教务处备案，同时要有具体的实施方案，如附录1所示的2023年"中文在线杯"全国高职高专院校信息素养大赛学生集训实施方案。

通过比赛学生提高了信息意识，遇到问题能主动查询并进行探究，提升了学生运用网络化手段获取信息的能力、甄别信息的能力，以及加工处理信息的能力，并且能进一步提高学生学习的主动性、积极性和针对性，充分调动他们学习的能动性，让他们找到学习的真正乐趣，让每一位优秀的学生选手都能在实战中脱颖而出。图4-13、图4-14是在全国大赛中取得的荣誉。

图 4-11　与单个数据库合作举办的信息素养大赛

图 4-12　全国信息素养大赛

图4-13 全国高职高专院校信息素养大赛

图4-14 全国高职高专院校信息素养大赛原文传递赛

三、高职院校线上信息素养教育出现的问题

线上信息素养教育还处在刚刚开始阶段，既是机遇发展期，也存在一定的挑战，目前尚未有统一的信息素养教育平台。在线新生入馆教育系统是作为一个子栏目发布到图书馆网站和微信公众号上的，线上文检课在超星学习通平台上开设，在线培训讲座是使用腾讯会议等平台举办的，信息素养大赛使用各个数据库平台，这在一定程度上给管理造成了困难，给学生的学习造成了混乱；同时，信息素养教育课程是一门实践操作性很强的课程，线上教育无法保证教学的实践操作内容，并且会出现网络的卡顿延时等情况，再加上有些学生自觉性比较差，自控能力不好，注意力不集中，学习效果也会不尽人意。

四、基于线上信息素养教育模式调整

（一）构建线上线下混合式信息素养教育模式

混合式信息素养教育包括传统的线下信息素养教育（新生入馆教育、文检课、培训讲座）和依托各种线上平台开展的信息素养活动（线上新生入馆教育、线上文检课、线上培训讲座、线上信息素养大赛）。线下新生入馆教育可以实地参观，真实地感受图书馆阅读氛围，以及阅览场地、研讨空间、楼阁藏书等环境，实体店体验式吸引学生到馆阅读、学习，这是对线上入馆教育最好的补充。传统的文检课虽然时空固定、教学模式单一，但可以精细化

教育、小班授课、教学同步、因材施教，师生可以面对面地交流互动，反馈及时，能够进行良好的情感交流；线上教育一般以通识课为主，教学异步、不受时空限制，可随时随地自由观看学习，教学素材丰富齐全、教学过程有记录，能够激发学生学习的积极性。培训讲座作为信息素养教育的拓展延伸部分，培训内容针对性比较强，同步开展线上线下培训，能够受到更多学生欢迎。将"线上＋线下"两种教育模式相结合，吸取线上线下教育精华部分，形成优势互补，构建高职院校信息素养混合教育模式，为高职院校的信息素养教育提供新的教育方法和方向。

（二）提升教师信息素养能力

线上信息素养教育多数是基于"平台＋终端"的线上混合式教学，对教师的信息素养能力和信息化教学提出了更高的要求，高职院校图书馆应组建专职信息素养教师团队，在开课前该团队教师要设计高职学生学习的课程内容并发布到网络教学平台（超星学习通、MOOC等），这不仅需要制作文检课微课视频、PPT、教案、题库等，还要了解网络教学平台的特点进行发布，同时团队教师还应该与时俱进，不断学习，紧跟最新发展动态，更新信息素养教育内容，如数据素养、数字素养等。课堂中教师应会使用腾讯会议等直播平台上课或学习通智慧终端进行课堂互动，并能够熟练应用微信、QQ等即时通信终端进行教学信息的无缝传递。只有提升教师信息素养能力，提高教师的信息化水平，线上信息素养教育的质量才能得到保障，才能更顺利地开展线上教学，为职业教育高质量发展奠定基础。

（三）建设"一站式"线上信息素养教育平台

"一站式"线上信息素养教育平台是集成新生入馆教育系统、线上信息素养课程、在线培训讲座、微视频及信息素养大赛等于一体的服务平台，学生可以利用碎片化闲暇时间随时随地自主进行信息素养教育，可以嵌入图书馆网站上或是专门的一个平台。该平台可以进行线上新生入馆教育、网络教学、直播培训、讲座预约、操作实训、在线测试、信息素养比赛等，能够方便学生自主学习、开设信息素养教育线上课程、方便师生个性化地预约想要听的讲座、方便师生与馆员的互动沟通，以及进行在线测试竞赛、常见问题答疑等，具有便捷、个性化、多样性的特点。

总之，随着教育信息化、社会数字化的发展，高职院校线上信息素养教育平台的建设对于高职图书馆来说是一项非常重要的任务，必须坚持以学生需求为导向，以便于学生学习为目的，以提高学生的信息素养能力为发展方向，不断完善平台的功能，以期培养高素质人才。

第二节　基于数字资源宣传推广的信息素养教育

随着图书馆移动化、智能化、智慧化的发展，数字资源建设成为每个图书馆发展的重中之重，那么怎样利用好数字资源进行信息素养教育，把数字资源嵌入信息素养教育中，成了高职院校信息素养教育工作首要考虑的问题。

为进一步推进校园文化建设，鼓励更多的读者走进图书馆、认识图书馆、利用图书馆，学院图书馆特举办以"阅读伴随成长，书香浸润梦想"为主题的"图书馆文化节"读者服务月活动，紧密围绕主题，根据读者需求多元化、信息服务多样化的现状，精心策划了形式多样、内容丰富的信息素养教育活动，实现以文化人、以文育人的目标。数字资源是每个图书馆信息资源的汇集地，随着大数据、云计算、物联网、移动互联网等信息技术的快速发展，数字资源推陈出新，发展迅猛，有着海量的资源、丰富的内容，所以说既要做好数字资源的建设工作，也要做好数字资源的宣传与推广工作。在新时代，信息素养成为读者获取数字资源进行学习、教学和科研的重要技能。那么，如何开展好数字资源的宣传与推广工作，培养读者的信息意识、提高读者的检索技能、解决读者使用中的问题，如何更好地辅助教学、科研、学习？数字资源建设情况与服务如何被广大读者了解、获知、体验与利用？通过把基于数字资源宣传推广的信息素养教育嵌入图书馆的活动中、教师的教学、科研中，学生的学习中，从而全方位、全覆盖、零距离为读者提供个性化、精准化信息素养教育。在活动之前，在全院师生中做了图书馆数字资源有奖问卷调查，详细内容如附录2所示。

一、高度重视，树立理念，精心组织

基于数字资源宣传推广的信息素养教育活动领导高度重视，根据学校的实际情况，学院图书馆组织策划了一系列活动，并制定了具体活动方案。做到领导重视、任务明确，做到活动有对象、有内容、有方案、有步骤、有成效。馆长带头，统筹协调，各科室根据各自的职能，将任务具体落实。具体到数字资源部，首先确立数字资源宣传推广理念"读者至上"，即以读者为中

心开展宣传推广教育工作，通过各种活动满足不同读者的现有需求，并适时引导、刺激新的读者需求；挖掘读者价值，鼓励读者参与。

二、媒体融合，大力宣传，广泛发动

新媒体时代，在基于数字资源宣传推广的信息素养教育中，学院图书馆充分纳入媒体融合的理念和思维，提高营销意识，整合包括传统渠道在内的多种宣传渠道，以获得全新的推广效果，让更多读者了解图书馆信息素养教育活动的实际情况。一方面，在世界读书日这一天，图书馆在食堂外面设置了展台、挂起了横幅、印刷了精美的线上活动海报和数据库宣传页，通过易拉宝等线下的宣传方式，开展了资源与服务的现场咨询，图书馆老师和数据库工作人员现场为读者介绍活动及资源，线下宣传富有冲击力、体验感强，现场咨询及参加活动200多人次、发放了各类宣传资料600多份，受到读者热烈欢迎。另一方面，时下流行的微信、QQ等新媒体具有传播快、互动性强等优势，学院图书馆与时俱进，努力对接读者的信息接收渠道，每场活动都力求通过微信群、QQ群、微信公众号宣传到每个师生。通过线上线下相结合的立体化宣传，扩大教育活动的辐射范围和影响力。

三、细化读者，整合渠道，差异教育

根据读者需求的多元化、信息服务的多样化，细化读者，多渠道、差异化地对读者进行信息素养教育。通过举办专题培训和主题讲座活动、举办线上答题竞赛活动、开展信息检索课等方式，从不同的方面将信息素养教育嵌入教师的科研、教学，学生的学习和生活中，不仅提高了读者对各类数字资源的认知度、利用度和获取能力，而且吸引了广大读者走进图书馆，丰富了读者的业余生活，对宣传月活动进行了有效的推广，进一步提升了读者信息素养能力。

（一）开展专题培训的信息素养教育

"读者至上"是图书馆的服务理念，满足读者的需求是图书馆的首要任务。因此，基于数字资源宣传推广的信息素养教育活动，一是要明确各个系部教师的特点，针对教师的专业、文化程度、年龄、兴趣、利用数字资源的目的等方面的不同，分析教师的具体需求，从而制定不同的专题培训。例如，我们分析了安全防范系，年轻教师比较多，一般使用数字资源都是为了做科研、写论文、评职称，大部分教师都想提高数字资源检索技能，针对这个问题，给安全防范系全系教师进行了电子中文期刊的检索与利用主题培训，重点讲解了中国知网的一框式检索、高级检索，以及海量资源中怎样使用高被引文献进行课题研究。二是根据不同读者的相应检索能力组织与之相配套的个性化培训工作，从不同角度对读者本身的检索能力加以提高。例如，信息技术系的教师大部分是计算机专业毕业，具备了一定的检索能力，针对这个特点给信息技术系开展了万方数据知识服务平台专题培训，具体安排了万方检测不同内容模块的检索方法培训，如重点介绍万方检测查重这个模块。培训完，现场进行万方数据知识检索竞赛，效果非常好，特等奖和一等奖的获得者都来自信息技术系。三是为了增强数据库的专业化培训，图书馆邀请相关的数据库商派专业讲师来到学校，为系部师生培训，以增强培训效果。例如，邀请超星产品经理给社会法律系的教师培训大数据时代下的知识发现与数据挖掘系统——超星发现。四是图书馆在培训工作中重视与读者开展广泛互动，注重跟各个系部的读者交流沟通，通过合理安排时间（如周三下午教师都没有课），选择具有吸引力的主题、多样的培训形式，增加教师的参与率。例如，通过与基础部教师交流沟通，选择了学术论文的撰写与期刊编辑的选稿这一极具吸引力的主题培训活动，由人大报刊数据库邀请专家来给基础部的教师进行培训，现场还有有奖互动环节，气氛非常活跃，培训的整个过程中，教师热情都很高涨，这次培训教师们一致给予好评，还提升了教师的信息素养水平。

（二）举办创意讲座的信息素养教育

大学校园生活非常丰富，各种各样的社团活动、专家讲座、竞赛、文艺演出等每天都在争夺着学生们有限的注意力，信息素养活动很容易被淹没其中。为了在活动"丛生"的大学校园里脱颖而出，图书馆细致研究学生需求，根据他们的身心特点和兴趣点，有创意、有特色地进行宣传推广。举办什么内容的讲座？什么样的讲座学生才感兴趣？一是从辅导员班主任老师那里了解信息，充分了解学生的兴趣爱好、课程时间，以保证学生都有时间参加；二是从学生会、书友会那里征集学生感兴趣的讲座内容；三是确定讲座的主题，在全院通过张贴海报，或借由 QQ 群、微信群、微信公众号进行宣传推广。通过这样的调研，根据学生的特点和兴趣点，给学生成功举办了库客音乐讲座，前来听讲座的有 89 位，都是音乐爱好者，不仅使这些学生的业余生活更加丰富多彩，还让这些学生了解了库客数据库的使用，提高了检索音乐的能力；给 7 年制贯通班学生举办了新东方学英语讲座，邀请到了金牌讲师杨悦老师，杨悦老师从学生感兴趣的听、说、读、写、译等几个方面讲起，通过精彩的讲授，引起学生的共鸣，掀起了学生学英语的浪潮，听讲座的人次达到了 163 人次；还给喜欢航空武器的学生举办了一场以未来空战和航空武器发展为主题的内容丰富的讲座，邀请到了中国科学院老科学家科普演讲团空军指挥学院导师徐邦年教授，徐教授给学生科普了很多航空知识，生动别样的讲解引起了阵阵掌声，有 120 人左右听讲。通过不同形式的讲座，既保证了讲座的效果，又提高了质量，从而不仅对数字资源进行了有效的推广，而且增强了学生信息素养能力。

（三）基于新媒介的线上答题竞赛信息素养教育

将信息素养教育嵌入新媒介（尤其是手机移动媒介）中去，借助手机实现需求，迎合师生的口味，开展扫码线上活动。利用新媒体兼具传播速度和强体验感的特点，线上活动既能有效缓解线下活动的审美疲劳，又能提高图书馆的知名度，从而实现数字资源的推广与宣传。线上活动的另一个优势就是，师生可以通过网络随时随地扫码答题，服务月期间共举办 6 场线上信息素养教育活动，为不同读者在不同时空提供多元化的服务和个性化的服务。另外，考虑到高职学生的特点、学生的参与度和得奖的概率，活动方案设计的时候就设置了活动范围，特针对我校师生。例如，"闻书香·忆书名"有奖趣味猜书名活动，就是博看网特为我校师生设计的一个线上活动，参加人数达到 304 人，通过参加这个线上活动，更好地推广了博看期刊及电子图书。二维码也是目前比较流行的一种新媒体技术，采用二维码推广服务也受到了广大师生的欢迎。数字资源线上活动推广宣传的过程当中能够对二维码进行运用也是一个极为创新的举动。例如，万方数据知识检索竞赛中通过扫描二维码进入万方数据库当中，让读者切切实实地感受到二维码扫描所带来的便利，线上所有的题目都与万方数据库检索相关，最后通过答题得分的方式，对参与者评出特等奖、一二三等奖，并给予一定奖励，参赛人数到达了 254 人。这样既提高了学生参与活动的积极性，也让学生在娱乐活动中对万方数据库进行了实际操作训练。随着互联网和移动通信技术的快速发展，以微信、QQ 等为代表的新媒体迅速崛起，微信以其使用基数大、活跃性强、黏度高等特点，已成为高校师生使用率最高、最受欢迎的宣传渠道，线上教育活动抓住这一特点，加大对数字资源的宣传推广。例如，单词大闯关新东方在线活动中,通过微信扫码点击最新活动进入游戏环节,每个微信号每天5次机会,每次游戏时间最多60s,最终根据挑战用时,评比出来一二三等奖,参赛人数达到474人,创历史最高,并且第一名用时只有5.98s,在整个北方地区高职院校当中,前三名都出自北京政法职业学院,此次活动在四月读书月中有较好的资源推广效果,与此同时也让读者更加了解信息素养教育的重要意义。

(四)实操数字资源的信息素养教育

根据学院图书馆数字资源的建设情况,在全校新生中开设信息检索必修课,共8学时、0.5学分,嵌入"信息技术基础"课程中,通过图书馆教师的精心教和学生的认真学,提升学生的信息素养和检索技能。在课程设置时,数字资源的检索与利用全部基于图书馆已经购买的数据库。按照数据库资源分类,电子期刊、电子图书、电子报纸、多媒体、综合等每个库的特点和检索方法都给学生一一讲到。此外,课堂上,教师充分利用学习通这个资源库的签到、随机选人、主题讨论等功能,既对学习通资源库进行了宣传,又让学生对资源库进行了深度体验。一般来说,经过一个完整的教学周期,大一学生对图书馆的数字资源都有一个大体的了解,并能初步掌握数据库使用方法和技巧。信息检索课的开设,不仅提升了学生的信息素养和检索技能,对毕业论文的撰写有很大的帮助,而且对数字资源的宣传推广教育活动起到了重要作用。

四、数字资源信息素养教育的效果与经验总结

(一)信息素养教育活动的实用效果

从2018年举办读者服务月开始,学院图书馆基于数字资源宣传推广的信息素养教育活动已连续举办6年(每年2场),举办线下培训讲座42场次,其中数字资源库检索技能培训26场次,培训6653人次,人员覆盖到各个系部的专职教师、行政人员、系办秘书、新引进人员、学生信息员、书友会成员、新生等;讲座16场次,3200多人次参加。举办线上活动18场次,参与人次达到6192人次,其中"闻书香·忆书名"线上答题活动、新东方的"单词大闯关"、"考试达人·智慧挑战赛"、"知识服务·知网人生"、"寻找最强期刊达人"等活动,获得了师生的一致好评,关注度非常高。活动结束后,为了解数字资源宣传推广嵌入式活动的实际效果,在全院师生中对图书馆数字资源了解情况做了调研(图4-15)。

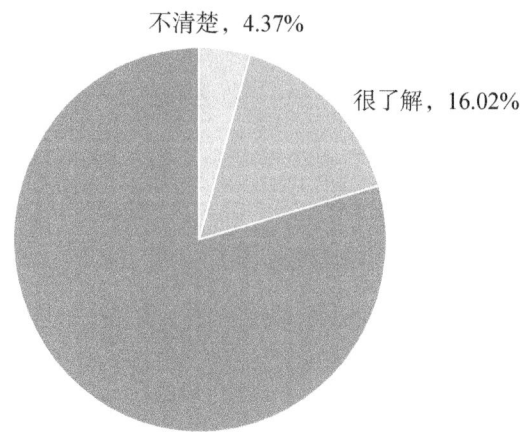

图 4-15 数字资源的了解情况

通过调研发现,在参与调研的 412 名师生中,只有 4.37% 对数字资源情况不清楚,79.61% 了解一些,16.02% 很了解。对目前图书馆已有的数字资源总体评价是:不满意师生只占 1.94%,非常满意占 38.11%,满意占 59.95%。这说明信息素养教育活动效果非常好,几乎所有师生对图书馆数字资源建设及培训都很满意(图 4-16)。

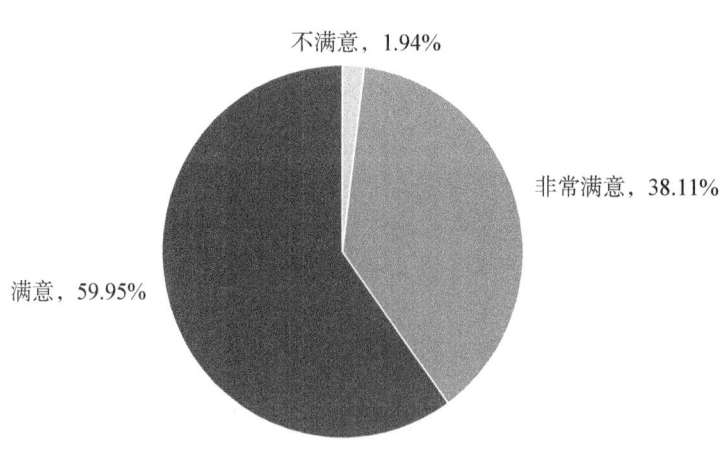

图 4-16 数字资源满意度

（二）经验启示

基于数字资源宣传推广的信息素养教育活动，提高了教师的检索技能，丰富了检索方式，辅助了教师的教学、科研，更重要的是通过数字资源的宣传推广活动，现在全院的学生了解获知了图书馆的数字资源库情况，吸聚了人气，增加了学生的参与度，提高了学生的信息素养能力。

通过数字资源的宣传与推广，将信息素养教育润物细无声地嵌入图书馆的各种活动中，得到了领导的高度重视，树立了"读者至上"的理念，进行了精心组织；充分纳入媒体融合的思维，大力宣传，广泛发动；细化读者，多渠道、差异化教育；不断丰富数字资源宣传形式，创新教育方式，探索推广渠道，从满足读者需求的角度出发，试图通过增强读者体验来增强读者黏性，从而强化读者对数字资源的获取与利用，提高数字资源的总访问量，聚合更多的读者，进而更好地为读者提供个性化、精准化服务。

第三节 开展多样化的信息素养教育实践

为扎实推进教育信息化2.0行动计划，积极发展"互联网＋教育"，推动信息技术与教育教学深度融合，提升高等学校信息化建设与应用水平，支撑教育高质量发展，教育部于2021年3月26日印发《高等学校数字校园建设规范（试行）》（简称《规范》）。《规范》对高等学校应积极开展信息素养培养提出了明确要求，在信息素养方面，应融合线上与线下教育方式，开展以学分课程为主、嵌入式教学和培训讲座为辅、形式多样的信息素养教育活动。为了响应政策号召，高职院校结合实际情况，从新生入馆教育信息素养意识的引导开始，从举办数字资源培训和讲座、构建信息素养课程系统、组织学生参加信息素养大赛等方面，开展多样化的信息素养教育实践，并总结实践效果，提出新举措。

一、高职院校开展信息素养教育存在不足的原因

（一）对信息素养教育重视不够

目前，高职院校在学生信息素养培养方面，大部分都是在开设的计算机应用课上简单讲解怎么上网，怎么浏览，Word、Excel怎么制作，但搜索引

擎的使用技巧很少讲到，其他检索工具的使用，如文献检索工具更是没有提过，致使一部分学生到图书馆借阅书籍时都不会查询信息。据调研，大部分高职院校没有开设"信息检索与利用"课程，图书馆的资源宣传与培训工作开展得也不够；少部分高职院校开设了信息检索的公选课，但教学内容还处在理论学习上，教学手段单一，教学设备配套上不能满足当前信息化的要求。有些高职院校数字资源建设少，经费不足，甚至每年还在逐渐减少，只能保障教师的需求，很少考虑学生的学习和日常生活需求，甚至受IP地址的限制，学生宿舍里根本用不了数字信息资源，这都影响了学生学习的积极性。

（二）学生信息素养方面的知识缺乏

作为高职院校的学生，在平时的学习中，也只是学习了计算机应用课程，在遇到问题时很少主动去查询信息，信息意识非常薄弱；即使有的学生去查询，也只会简单地使用百度搜索，面对海量丰富的信息时，又无法筛选出自己需要的信息，在信息获取能力方面也比较欠缺，对其他查询信息、检索系统、图书馆数据库检索更是不清楚。有一些高职学生也会来到图书馆，但大部分都是上网聊天、看电影，很少一部分学生会在考试前通过图书馆信息检索系统查询资料；其余时间，学生很少通过图书馆系统进行资料的查询，积累课外知识。有些高职学生信息道德观念不强，面对良莠不齐的网络信息，不能甄别和筛选出有用的信息，甚至有些学生还传递一些不良的信息，对知识产权、隐私保护更是缺乏了解。究其原因，是高职学生不关注信息素养方面知识的学习，缺乏主动性，以及自主学习、查询信息和获取信息的意识。

二、高职院校开展信息素养教育的实践

学院图书馆在开展信息素养教育实践方面有多年的实战经验，形式多样、内容丰富，分步骤、有针对性地实施。

（一）加强新生入馆教育信息素养意识的引导

新生入馆教育是高职院校开展信息素养教育的第一站，对学生信息意识的培养起着引领作用。新生入馆教育的模式也在不断改进，由最初的发放图书馆入馆手册、播放新生入馆教育PPT、实地参观图书馆，让新生了解图书馆的功能及特点，熟悉图书馆各项规章制度，掌握图书馆的基本知识，尽快适应学校图书馆的环境，加强新生利用图书馆自主学习的主动性，提高新生

的信息素养，到现在的开展新生入馆教育，帮助新生更好地了解、获知、利用图书馆资源，培养新生的信息意识，教育模式都在不断完善、创新。认识的第一课，是由馆长亲自给新生上的大学第一课，向新生介绍图书馆的整体状况和各项活动，倡议新生多利用图书馆丰富的资源帮助自己学习和成长，多参加图书馆的活动，丰富自己的校园生活。课上，通过观看图书馆的宣传片，新生大致了解了图书馆的基本情况、各项服务设施、各类资源获取方法，意在引导新生多通过图书馆的资源加强自主学习；还让新生关注图书馆微信公众号、官网和安装学习通移动图书馆，多渠道让新生及时了解图书馆的服务、资源和活动通知，重在培养新生主动获取信息的意识。

（二）开展形式多样的信息素养活动

为了让学生更好地利用图书馆资源，学院图书馆高度重视信息素养教育，定期开展资源库培训和主题讲座，帮助学生学会怎样查询借阅书籍、怎样使用数字资源、怎样检索查询文献信息，不断提高学生的信息检索能力，培养学生自主学习的意识。

开展数字资源库培训，分两种不同的模式。一种模式：按照系别专业不同，给学生培训不同的资源库。图书馆定期给信息技术系培训IT方面的资源库，如新工科创新资源平台、IT在线学习平台、翼狐设计学习库、设计师之家资源库、软件通和源素通资源库，帮助学生快速找到学习的资料，提高他们的自学能力；给法律系定期培训法律家、北大法意和近代法律资源库，不断提升学生的检索技能，让他们熟练精准地找到自己所需的资料。另一种模式：分层次、分阶段进行培训。针对大一新生，他们还没有什么专业课基础，主要是培养学生信息素养意识，了解图书馆的规章制度，帮助他们学会使用图书馆OPAC系统查阅书籍以及使用自助设备借书还书，定期给他们举办专题讲座，如中国科学院科普团专家讲座等，拓展课外知识；针对大二学生，他们开始学习或者已经接触了专业课，开设"信息检索与利用"公选课，主要讲解图书馆的数字资源及网络资源的获取与利用，让他们掌握信息检索的技巧和方法，能够筛选出正确有用的信息，提高学生获取信息的能力；针对大三学生，他们面临毕业就业问题，给学生定期进行就业信息查询及毕业论文撰写相关内容的培训，教会他们如何查询文献资料，以及论文写作规范，重点培养学生的信息道德。通过两种模式开展不同的有针对性的培训，能够快速帮助学生培养信息意识、提高信息检索能力、加强信息道德培养，使他们具备较高信息素养。

（三）多举措构建信息素养课程体系

1. 融入专业课程

学院非常重视信息素养教育，将信息素养教育融入专业课中，图书馆负责信息检索的教师和专业课教师合作，共同确定教学内容。例如，针对信息技术系的学生，在"计算机网络"课程中，讲到网络基础时融入信息意识、网络搜索引擎的技巧、信息道德等知识；针对电子商务的学生，在"网络编辑"课程中，融入信息素养教育，如信息的搜集、检索词的选取、检索技能的运用，分析、加工、处理和评价信息，帮助学生树立正确的信息意识和信息道德。在专业课中融入信息素养教育，利用专业知识查询相关的信息，提高信息获取的能力，促进信息意识的养成，使得学生懂得信息素养能为专业服务，明白信息素养教育的重要性。

2. 开设"信息检索与利用"课程

每学年的下半学期，在全校学生中开设"信息检索与利用"公选课，32学时，2学分。图书馆教师精心设计教学内容和制定课程标准，提高学生的信息素养和检索技能。课程主要讲解信息检索的基本理论与基础知识，如信息意识、信息知识、信息能力与信息道德；介绍若干种基本的综合性和专业性中文检索工具，了解其内容特点、编排结构和著录格式，能够通过多种检索途径使用它们检索与专业相关的不同类型的文献，要求学生掌握通过多种方式获取和利用信息资源的基本方法和技能。为加强课程的有效性，课程教学主要置身于真实环境中进行，并充分利用多媒体仿真环境充实教学环节；采用项目任务驱动式的多层次、立体化的教学过程，使学生顺利完成项目任务，并通过项目实施过程的演练，形成学生实践技能和职业能力目标。表4-2是课程的具体授课计划，以典型工作任务为主，采取案例教学、课题教学、检索演示、课题讨论等教学方法，适应基于工作过程系统化的课程教学要求，实现"教学做一体化"教学方法改革。本课程建议采用过程化考核，依据本课程的能力培养要求，对学生利用不同检索工具所完成的信息检索任务进行综合评价。

表 4-2 授课计划

月份	周次	教学时数	教学内容及重点	教学形式及教学方法	课外作业、辅导安排
9	3	2	第1单元 信息检索与信息素养 教学内容：信息及其相关概念、信息素养的概念及其标准、信息素养的内容及本质 重点：信息素养的概念及内容 难点：信息及其相关概念之间的联系	多媒体演示 操作演示	
9	4	2	第2单元 信息源 教学内容：寻找信息源的方法、按信息源的途径查询、按信息源的类型查询 重点：信息源的查询 难点：信息源类型的查询	多媒体演示 操作演示	
10	5	2	第3单元 信息检索技术 教学内容：信息特征、检索工具、计算机检索技术、检索词的选取、检索流程 重点：计算机检索技术、检索词的选取 难点：整个检索流程	多媒体演示 操作演示	
10	6	2	第4单元 搜索引擎 教学内容：互联网搜索引擎概述、搜索引擎的工作原理与检索功能、百度等搜索引擎的检索方法 重点：百度等网络搜索引擎的检索方法 难点：搜索引擎的工作原理	多媒体演示 操作演示	学习通
10	7	2	第5单元 网络信息检索 教学内容：网络上学习考试类信息检索、课程信息检索与利用、网络购物信息检索 重点：学习考试类信息检索 难点：课程信息检索	多媒体演示 操作演示	

续表

月份	周次	教学时数	教学内容及重点	教学形式及教学方法	课外作业、辅导安排
10	8	2	第6单元 中文综合性数据库 教学内容：CNKI 数据库的检索原理，基本检索、主题词检索及辅助检索等功能运用 重点：数据库的检索方法 难点：CNKI 高级检索	多媒体演示 操作演示 上机辅导	学习通
11	9	2	第6单元 中文综合性数据库 教学内容：万方数据库的检索原理，基本检索、主题词检索及辅助检索等功能运用 重点：数据库的检索方法 难点：万方数据库的高级检索	多媒体演示 操作演示 上机辅导	学习通
	10	2	第7单元 电子图书数据库检索 教学内容：超星电子书、读秀等数据库的检索原理，基本检索、主题词检索及辅助检索等功能运用 重点：数据库的检索方法 难点：电子图书信息的鉴别	上机实习	学习通
	11	2	第7单元 电子期刊数据库检索 教学内容：博看等期刊数据库的检索原理，期刊、电子书基本检索方法 重点：数据库的检索方法 难点：电子期刊信息的鉴别	多媒体演示 操作演示	学习通
	12	2	第8单元 超星发现和移动图书馆 教学内容：超星发现及移动图书馆数据库的检索原理，基本检索、主题词检索及辅助检索等功能运用 重点：移动图书馆的检索方法 难点：超星发现的高级检索	多媒体演示 操作演示	学习通

续表

月份	周次	教学时数	教学内容及重点	教学形式及教学方法	课外作业、辅导安排
12	13	2	第9单元 特种文献检索 教学内容：专利、标准、会议文献、科技报告等数据库的检索原理，基本检索、主题词检索及辅助检索等功能运用 重点：专利、标准的检索方法 难点：案例分析	多媒体演示 操作演示	
	14	2	第10单元 多媒体数据库检索 教学内容：网上报告厅、超星视频、万方视频等数据库的检索原理，基本检索方法 重点：数据库的检索方法 难点：多媒体信息的鉴别	多媒体演示 操作演示	
	15	2	第11单元 数据与事实数据库检索 教学内容：中经网、新华社等事实数据库的检索原理，基本检索、主题词检索及辅助检索等功能运用 重点：数据库的检索方法 难点：事实数据信息的鉴别	上机实习	
	16	2	第12单元 就业创业信息检索与利用 教学内容：就业创业数据库的检索原理、就业创业信息的查找与利用 重点：数据库的检索方法 难点：就业创业信息的鉴别	多媒体演示 操作演示	
1	17	2	第13单元 信息检索案例 教学内容：各种检索案例，在检索中遇到问题的处理 重点：检索式、检索方法的确定 难点：检索系统的选择	多媒体演示 操作演示	学习通
	18	2	第14单元 文献的学习与利用 教学内容：信息的搜集与管理、文献综述的撰写、写作与学术规范 重点：根据不同的选题进行相关资料的准确查找 难点：文献综述的撰写	多媒体演示 操作演示	

续表

月份	周次	教学时数	教学内容及重点	教学形式及教学方法	课外作业、辅导安排
教学资源			电子阅览室、实训室、图书馆数字资源库、慕课视频、PPT课件、学习通APP		

（四）以赛促学，促进学生信息素养提高

1. 举办各种信息素养竞赛

为了开展形式多样的信息素养教育活动，图书馆以信息素养竞赛为载体，举办各种信息素养竞赛，如新生入馆教育知识竞赛、在校生开学的信息素养知识竞赛、经典诵读比赛"诵中华美文、抒爱国情怀"（这已经是图书馆举办的第六届经典诵读比赛）、万方数据读书月知识检索竞赛、"知网人生"线上有奖答题活动、建国70周年趣味知识竞赛等。通过线上线下的结合，激发了学生的学习热情和兴趣，帮助学生巩固了信息素养知识，加强了信息检索与利用的实战操作技能，大大提高了学生信息素养综合能力。

2. 信息素养大赛

图书馆以北京地区高职高专院校信息素养大赛为契机，一方面给学校教务处备案，得到校方的支持；另一方面积极组织师生参赛。信息素养大赛分教师组和学生组，教师是由图书馆的馆员教师（上信息素养课的教师）参加，学生主要从选修文检课的同学中选拔，选出检索技能比较强且有参加意愿的学生，组建参赛队伍，建立微信群，以便及时沟通、交流、辅导。大赛分为预赛、市赛、国赛，指导老师根据不同的赛制、比赛时间、比赛对象、试题数量及要求等，制定专门的培训计划。通过信息素养大赛，培养学生获取信息、分析鉴别信息的能力，真正做到"以赛促建、以赛促教、以赛促学"，进一步促进学生信息素养的提升。

三、信息素养教育的效果

从学院图书馆开展的信息素养教育实践情况来看，从新生入馆教育信息意识培养到举办专题培训讲座提高信息能力，再到专业课中融入信息素养教育并开设文检课，组织学生参加信息素养大赛，都取得了很好的效果。

通过图书馆信息素养教育的开展，吸引了更多的学生走进图书馆、认识图书馆、利用图书馆，入馆率、借阅率和数字资源利用率都得到很大幅度提高，对图书馆资源的了解情况如图4-17所示，对图书馆资源的使用满意度如图4-18所示。

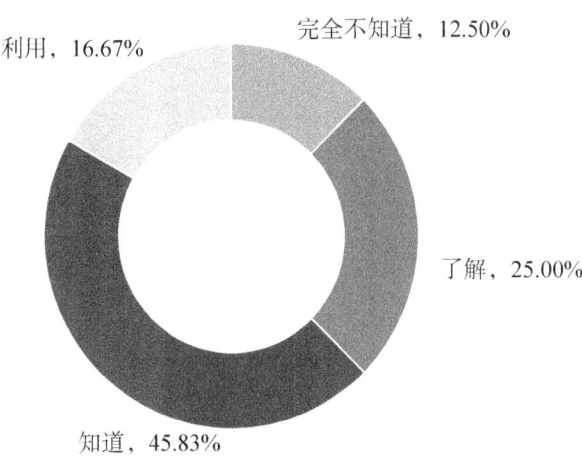

图4-17　对图书馆资源的了解情况

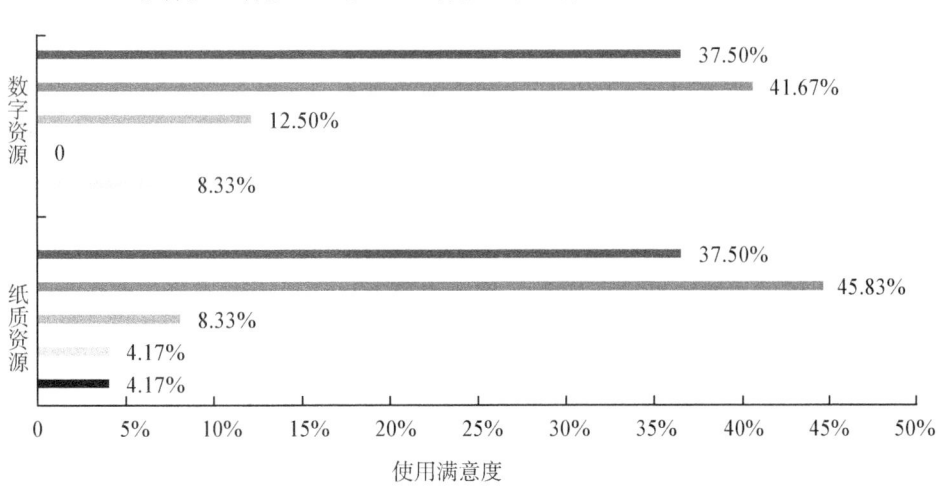

图4-18　对图书馆资源的使用满意度

信息素养课的开设，充分利用馆内电子阅览室和数字资源，使用新颖的教学方法，采用多种信息化手段，让学生在实际操作中体会检索的乐趣，并掌握各项技能。让学生分小组研究相关课题，寓教于乐，在做中学、做中教，不仅提高了学生的信息素养和检索技能，而且对毕业论文的撰写及就业信息的查询都起到很大的帮助，提高学生解决学习中实际问题的能力。

学生信息素养综合能力明显提高，2021年12月12日，"万方杯"全国高职院校信息素养大赛各赛项成绩揭晓，北京政法职业学院宋同学以全国高职院校信息素养大赛复赛北京市第1名的成绩进入全国决赛，在决赛中考进全国100名以内（第86名），获得了"万方杯"2021年全国高职院校信息素养大赛（学生个人赛）优胜奖，胡玉清老师获得"万方杯"2021年全国高职院校信息素养大赛先进工作者，北京政法职业学院获得全国最佳组织奖。通过参加全国信息素养大赛，激发了学生学习信息检索的热情。2022年再续辉煌，2022年11月26日，"中文在线杯"全国高职高专院校信息素养大赛举办，苏同学考取了全国第15名北京市第1名的优异成绩；在原文传递赛中沈同学团队获取全国二等奖、许同学团队获取全国三等奖。2023年12月11日，"中文在线杯"全国高职高专院校信息素养大赛各赛项项揭晓。全国623所高职院校1066名学生入围全国客观题赛段，应用法律学院赵同学以国赛客观题北京市第1名的成绩进入国赛主观题决赛，在决赛中再创佳绩，获得了2023年"中文在线杯"全国高职高专院校信息素养大赛学生个人赛三等奖，学院再次获得最佳组织奖，胡玉清老师荣获先进工作者和优秀指导教师奖，连续3年闯入国赛，老师们和同学们都受到了鼓舞，参赛精神再次高涨。

四、探索高职院校信息素养教育新举措

目前，大多数高职院校信息素养教育的核心是培养学生用科学的方法进行信息的收集、整理、加工和利用，提高学生获取和利用信息资源的能力，在信息分析、创造及信息道德伦理方面涉及很少。一方面，要想在提高学生信息素养的同时又能在海量丰富的信息中树立正确的人生观、价值观，提高对信息的判断力，使学生不仅能够顺利完成学业，还能指导以后的职业生涯，本课程应该完善教学内容，引入思政元素，体现课程思政的理念，将思政素养、网络素养、信息道德伦理、数字素养内容融入信息素养教育之中，在知识传授中应注重主流价值观引领，起到一种润物细无声的育人作用。另一方面，设置科学的评价方法，进一步完善信息素养课考核评价体系。高职院校图书馆应以信息素养大赛为载体，积极构建信息素养试题库及资料库，实施过程化考核或以赛代考。同时，图书馆在信息素养课理论加实践的过程化考核基础上，应探索教师评价与学生自评的结合、客观量化评价与主观效度检验的结合，将学生的认知、情感、信息道德观等内容纳入其中，体现评价的人文性、多元化，形成综合的评价体系，充分反映学生信息素养水平，以科学评价提升教学效果。

随着高职院校信息素养教育的深化，需要结合高职学生的特点，设置信息素养慕课，使慕课与"信息检索与利用"公选课有机融合，形成线上线下混合的教学模式；信息素养课教师也要提升教学能力，创新教学方法，采用雨课堂、嵌入式教学等新型教学方法，充分发挥高职院校图书馆在信息素质教育领域的主力军作用，使信息素养教育全面健康发展。

第五章 高职院校信息素养教育现状的调查研究

第一节 高职院校教师信息素养现状调查

教育信息化的实施、大规模线上教学的开展，对高职教师信息素养提出了更高的要求。2020年2月26日，教育部办公厅发布《2020年教育信息化和网络安全工作要点》，核心目标是深入实施教育信息化2.0行动计划，大力实施信息素养全面提升行动，培养提升师生的信息素养。2021年3月26日，教育部发布《高等学校数字校园建设规范（试行）》，其中指出，高等学校应将教师的信息素养提升纳入师资队伍基本能力建设，并列入继续教育范围，保证教职员工信息素养提升的常态化与持续性。教育信息化，使教师们对资源的需求变得异常迫切而又庞大，面对众多海量的信息，教师们也必须具有优化整合选择优质信息的能力，这对高职教师信息素养也提出了挑战。高职教师信息素养水平直接影响着课堂教学质量和活动的效果，高职教师信息素养的提升已是各项工作的重中之重。因此，本节重点研究分析高职教师信息素养的现状，提出高职教师信息素养提升的策略，以期能够为教师们信息化水平与教育教学的深度融合助力。

一、提升高职教师信息素养的重要意义

信息素养是教师适应信息时代、智能时代发展的基本素养，是教师成为新时代下卓越教师的必备条件。其概念首次于1974年由美国信息产业协会主席保罗提出，将其定义为："利用众多信息工具以及主要信息资源解决具体问题的技能"。随着信息化时代的到来，信息素养的内涵也在不断丰富和发展变化，从起初的侧重知识、技能、能力，到高效地检索、获取、整合、应用、管理和评价信息，再到当前利用信息技术发现、分析和解决教育教学、工作、生活等实际问题的意识、能力和思维，以及获取信息时应遵循的信息道德（伦理）。所以，提升高职教师的信息素养，使高职教师能够全面、准确

地检索信息，批判地评价筛选信息，自如地交流和分享信息，创新创造地应用信息，不断地提高自身的信息应用能力，使其具备良好的信息素养，才能培养出高素质的学生，才能符合数字化校园建设需要、职业教育人才培养需要、信息时代全球一体化需要。

另外，在教育信息化背景下，高职教师的信息素养提升还包括积极利用信息技术及信息对教学进行优化与创新的意识、克服信息化教学中困难的意识，以及积极学习新技术，提升自身信息素养认知水平的意识，从而培养终身学习意识，不断更新教育理念，提高课堂教学效果；还要有运用科学方法获取、整合、应用与之相关学科的教学资源，提高教学水平并进行教学的能力，更要有掌握在线教学模式的特点，实现随时随地可教可学，适应数字化、个性化、终身化教学思维的能力，同时，在平时的教学实践活动中要始终具有信息意识，不断提高信息技术与专业技能整合的能力，使自己的信息素养得到不断提升。当前，提升高职教师信息素养，积极地利用信息技术进行高效获取、管理，批判性地评价和运用信息，充分地结合专业知识来整合教学资源、建构课程、提高信息技术应用能力，与教育教学深度融合，推动教学信息化 2.0 和全国职业教育改革政策的实施，确保异常情况下，随时转为线上教学的顺利开展，教学活动效果的提升、教学质量的提高，具有很重要的现实意义。

二、高职教师信息素养问卷调查

利用"问卷星"调查平台对北京高职高专院校教师进行了信息素养在线问卷调查，通过两周时间，收回有效问卷 573 份，基本信息包含性别、年龄、专业、职称、学历等，涵盖了学院不同年龄段不同专业的教师。内容从不同的维度，以信息意识、信息能力、信息道德 3 项作为一级指标进行设计，具体包括教师们对教育信息化政策的了解和关注程度、利用多媒体软件制作课件频率和使用程度、在线教学平台的使用情况、数字资源的使用情况、信息资源知识产权等二十几个关于信息意识与需求、信息技术应用能力、信息检索能力、信息化教学能力、信息道德伦理的问题。具体问卷调查指标如表 5-1 所示。

表 5-1 高职教师信息素养问卷调查指标

一级指标	二级指标	指标解释
信息意识	信息化意识	是否能够认识到信息是信息化教学的重要资源,并要及时捕捉,具有敏锐的洞察力
	信息需求	是否能够明确自己在教学中所需的信息,能够准确表达
	信息素养认知	了解信息素养认识程度并注重提升
信息能力	信息技术应用能力	是否能够熟练利用办公软件,如 PPT、Excel、音视频软件、即时交流软件等制作设计课件、微课应用于教学
	信息检索能力	是否能够利用网络或者数据库有效地检索、获取、选择出教学信息,并能够整合和利用各种优质的教学资源
	信息化教学能力	是否能够利用各种在线教学工具、教学平台实施线上教学,并能够进行教学管理、教学设计和教学评价
信息道德	信息道德伦理	在使用信息时,能否能够尊重别人的知识产权、版权,遵守法律法规等信息道德规范

三、高职教师信息素养调查结果

教育信息化已经在各个高校实施,随着在线教学的开展,将信息技术与学科教学进行深度融合是大势所趋,但如何获取、甄别、整合教学资源,并将其应用到在线教学设计中,应用到课程、课堂?这里以在线教学实施以来,教师们对海量数字资源的使用情况及问卷调查结果为研究对象,以此来了解高职教师信息素养及信息化水平的现状。

(一)高职教师信息化意识有待增强

调查结果显示,对教育信息化的政策和内容非常关心的教师占 50.00%,比较关心的占 38.89%,从不关心的只占 11.11%。认为信息化技术对开展在线教学很重要的有 66.67%。这说明教师们还是有一定的信息化意识的,能及时转换教育理念,转变教学模式,更新教学内容,同时他们希望积极参加各种培训活动，提升个人的信息素养，但对于一些年长的教师来说，平时就不愿意接纳新的技术和手段，甚至课堂上还是以传统教学为主；还有一部分教师可能他们所谓的信息化教学也就是简单制作一下PPT，新的教学软件还不会使用，这部分教师的信息意识还很淡薄，已经无法适应在线教学模式。此外，随着在线教学模式的开展，以及各种教学平台与在线教学软件的使用，本就时空分离的教与学，更加难于管理，教师和学生出现了诸多的不适应。

（二）高职教师信息加工应用能力有待提升

各种类型的数字资源，是高职教师从事教学科研工作必不可少的信息资源。但从教师们获取信息的渠道来看，教师们更青睐使用方便便捷的互联网，占到了88.89%，如百度文库；其他数据库，如期刊、视频、电子图书等还需要深度加工，对检索能力、应用能力要求较高，使用量就相对低一些。大规模的在线教学使得教师对资源的需求变得十分迫切，但面对海量的资源又无法选择出自己需要的资源，觉得甄别优质信息困难的占到了73.33%。在教学过程中经常会使用除多媒体计算机以外的其他媒体工具（如PPT、Word、Flash等）制作微课帮助讲解某些难点问题的才33.33%（图5-1），这就要求教师们随着在线教学的深入，将获取到的信息进行加工，存储为多媒体资源，再通过教学设计制作成PPT、微课、视频等与教学相关的内容，不能简单地停留在光将课本的知识搬入课堂，而要意识到对所获取的信息进行深度加工应用的必要性，要创造知识，教给学生探究精神。

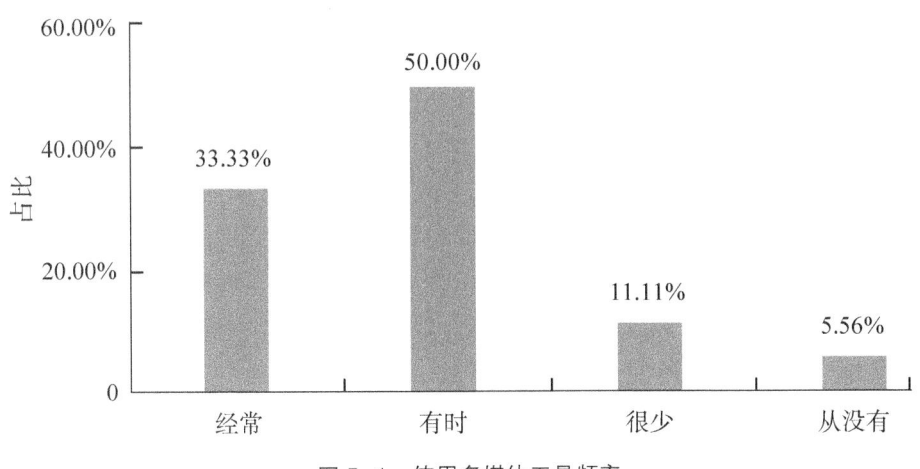

图5-1 使用多媒体工具频率

另外，高职教师还需要研究线上教学的规律和特点，选择适合线上教学的内容，适时调整教学方案。例如，操作性、实践性的内容就不适合线上教学，教师就要对教学内容进行重新规划、设计，基础性、理论性的内容可以放在线上教学，操作性的内容放在线下或者制作成视频供学生自学。因此，要对获取的信息进行再加工应用，使其适应线上教学的特点，这对高职教师信息素养能力提出了新的要求。

（三）高职教师信息技术综合应用能力有待提高

调查结果显示，信息技术水平完全可以满足在线教学平台使用需求的教师只占 37.72%、基本可以满足的占 50.88%（图 5-2）。

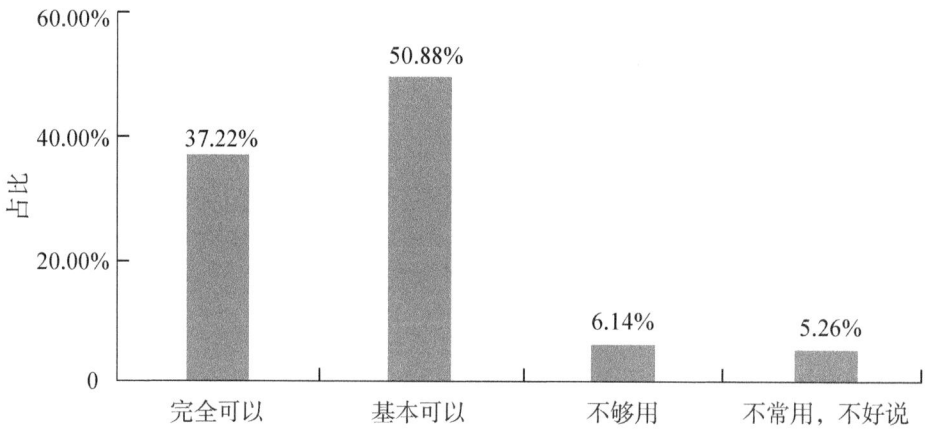

图 5-2　信息技术水平满足在线教学平台使用需求的程度

对之前参与资源库建设课程的教师来说，他们对在线教学平台基本熟悉，利用信息化技术可以使用平台实现线上教学。但对大部分没有在任何平台建设课程的教师来说，对在线教学平台、直播软件并不熟悉，平台一旦出现卡顿、不稳定的问题，课堂纪律就难以掌控，在线教学活动就无法开展。与此同时，通过调查发现，一部分教师信息技术综合能力不高，对各种平台出现的新技术和新方法都不适应，学校层面也缺乏行之有效的培训，就需要教师花费大量的精力和时间去研究，在课前也需要不断调试，教师难免出现抵触情绪，难以提高在线教学的效果。如何对教师进行系统有效的培训，提升教师信息技术综合能力，来解决各种平台中不断出现的新问题，这也正是当下高职教师信息素养提升所要考虑的。

（四）信息疫情需要高职教师具有更高的研判能力

大规模的线上教学，使得每门课的教师不得不在资源库平台上开始建课，在获取、整合、加工、应用建课的信息资源时，对电子教材变得尤其需要，而且又要从中选择与学生配套的电子教材，应用到自己的课程中。这就会出现所建课程知识产权问题，这就需要教师加深对信息道德、法律法规、信息安全的了解，共同营造共建共享的信息资源环境，从而促进教学资源的健康发展。另外，网络中充满着各种各样的信息，有正确的，也有虚假的，这就需要教师有更高的研判能力，在应用传播之前，能够对信息进行分析，从而向学生提供正确的、科学的信息。

四、提升高职教师信息素养的对策

随着信息技术的发展，教育信息化的实施对高职教师的信息素养提出了更高的要求，将信息化技术与教育教学深度融合，已经是当前教育信息化及今后长期的要求。因此，针对高职院校教师信息素养的现状，提出以下几个方面的提升建议。

（一）创新培训模式，分层分类构建教师信息素养培训体系

从调研和数字资源使用情况看，高职教师信息素养的意识已经在不断提高，但从开展线上教学出现的问题来看，教师信息技能水平差异比较大，即使同一个专业，不同的教师信息化程度都不一样。因此，高职院校应做好教师信息素养提升培训，培训前一定要先进行调研，根据教师信息化需求，制定合适的培训内容和方案，分层次、分阶段地实施。

一是加强新入职教师信息素养理论培训。就数字资源培训来说，新入职的教师及一些平时上课就不怎么使用多媒体的教师对学校的数字资源还不了解，培训时会向他们介绍所有的数字资源库，从而提高这部分教师的信息意识和一些基本操作技能，使他们知道在使用时有哪些数字资源可以利用。

二是加强教师信息素养技能培训。对具有一定信息知识的教师，根据教师时间安排，学校每周三下午没有课，会在这个时间，进行一个数据库的检索技巧培训，从而介绍一框式检索、高级检索、专业检索、跨库检索、资源整合等技巧，帮助教师快速检索到自己所需要的期刊、会议、视频、案例、标准等资源。

三是加强教师信息素养实操培训。为了适应线上教学，还给教师进行资源制作的专题培训，如课件制作、PPT设计、美化、微课制作，以及当下流行的微视频制作等，从而提高教师的教学资源设计技能。结合线上教学的特点，还可以开展在线教学工具超星学习通的操作技能培训和超星直播客户端的使用培训，对建课流程、课程管理、班级活动及师生互动模块等方面开展详细的讲解、指导、答疑，提高教师将信息工具与教育教学深度融合的能力。

四是加强教师信息素养研讨专题培训。学校应组织教学能力提升和在线精品课程建设专题培训，目的是打造结构化的教学团队，树立新的课程建设开发理念，探索新的教学方式方法，提高教学质量，生成更多的教学成果，提升教师教学能力与水平。

线上教学，使得培训模式也进行了创新，开展线上培训，可以进行直播、录播、线上答疑，对直播的培训内容还可以观看回放，教师有不懂的知识还可以自主学习，使培训具有系统性。总之，通过开展多种形式的研讨型、技能型、实操型、理论型培训，边培训、边操作、边辅导、边答疑，力争不同专业不同学科的教师都有收获，信息素养能力都有提高。同时，通过培训增强高职教师获取优质信息的意识，树立新的教育教学理念，提高教育信息化能力，加深信息技术与教育教学的融合。

（二）完善激励和考评制度，全面自觉提升教师信息素养

当前，教育部要求各校继续开展教育信息化教学应用实践，持续做好教师信息化培训，全面提升教师的信息素养。而信息化教学应用不是一朝一夕就能实现的，需要教师花费大量精力去研究、去学习，在实践的过程中更会遇到各种各样的问题，有极大勇气和信心的教师才能坚持下去，这项改革才会有所成效。因此，高职院校应根据学校实情，通过多种方式建立完善激励和考评制度，将教师的信息素养能力与各项评优活动结合起来，促进教师自觉全面提升信息素养。例如，①对于参加信息化培训的教师，算继续教育学时，考核合格者，颁发相应级别的合格证书；②在教学的过程中，应用信息化教学的教师教学评价和教学质量奖评定时，占有相当的权重；③将信息化能力与教师最关心的职称评聘结合起来，作为考评晋升的重要依据，引起教师的高度重视，使得教师自觉提升信息素养。

（三）加强数字资源建设，多渠道保障教师信息应用需求

为了全力保障线上教学，保障教师对数字资源应用需求，一是加强数字

资源平台建设，构建电子教材数据库，精准地为教师配备教学使用的电子教材。二是针对一些外文文献、不能直接获取的文献，组建学科服务群，为教师提供学科服务。三是为了更好地保障教师在校外使用数字资源的需求，提升教师信息素养应用能力，考虑到与移动终端的有效结合，图书馆开通了"三移两外"校外数字资源使用5种访问渠道，即图书馆微信公众号、移动图书馆（学习通）、数据库APP等3种移动端使用渠道，以及校外访问VPN通道、校外数据库账号等2种电脑端使用渠道。随着教育信息化的开展，高职院校应构建全方位、全天候的资源支撑体系，多渠道为教师提供信息资源，教师在广泛使用信息资源的同时，也提高了检索技能，提升了信息素养应用水平。

（四）组织各种信息大赛，以赛促进教师信息素养综合能力提升

为贯彻落实习近平总书记重要指示和全国职业教育大会精神，提高人才培养质量，继续办好信息化教学能力比赛，推进信息技术在教学中的广泛应用，高职院校应该积极组织开展各种形式的校级、市级、全国职业院校技能大赛教学能力比赛，全国职业院校信息化课堂教学大赛、微课大赛、课件大赛，全国信息素养大赛，教师可以以个人或者团队名义报名参加，对比赛中获奖的教师给予奖励和评优的激励。首先，通过参加比赛，教师们能够进行学习、探讨、交流，不仅可以学习课件、微课、视频、教学设计等资源制作的技巧，还能掌握更多教学的方法；其次，参加市赛、全国赛的教师不仅能观摩到全国优秀作品的信息化教学水平和技能，开阔眼界，还能在参赛的过程中，收获很多宝贵的经验，从开始的选题，再到教学内容的设计、课堂教学的实施、信息化手段的使用，最后到课程视频的录制，需要参赛教师具有各方面的技术和能力。因此，信息化大赛能进一步促进教师综合素质、信息化水平和创新能力的全面提升。

高职教师是高职院校信息化教育的真正实践者，利用各种各样的形式开展线上教学，改变了传统的教学模式，带来了教育形式和学习方式的重大变革，真正推动了教育信息化的实施。面对教育信息化的浪潮，应用信息技术，深入开发、利用信息资源，提升高职教师信息素养已迫在眉睫，对深化教育改革、提高教育质量至关重要。提升高职教师信息素养并不是一蹴而就的事，需要各方面的组织、协调、保障、支持、培养，还需要有国家的政策、学校的引导和自我的提升意识，主动适应教育信息化的发展，树立终身

学习的理念,从而全面提升信息素养,推动教育现代化。

第二节 高职院校学生信息素养现状分析

为了充分认识提升信息素养对于落实立德树人目标、培养创新人才的重要性,也为了将学生信息素养纳入学生综合素质评价指标,在前面高职院校教师信息素养现状研究基础上,本节重点研究高职院校学生信息素养现状。高职院校作为高等教育的重要组成部分,有必要开展信息素养教育,将其纳入人才培养方案,完善课程体系和课程标准,并开设相关课程及实践活动,以真正实现从提升信息技术应用能力向提升信息素养转变,让学生在需要信息时具有获取信息的意识,知道在何处能获取信息,能够在复杂混乱的信息中判断出正确的信息,具有高尚的信息道德,这对学生今后的成长和发展具有深远的意义。因此,在高职院校"三全育人"的文化氛围中,教育信息化和数字化建设工作的深度开展对高职院校学生的信息素养提出了更高的要求。

一、高职院校学生信息素养的研究情况

为了解信息素养教育的研究情况,采用检索式"主题%=学生信息素养or 篇名%=学生信息素养",在中国知网中对近5年的信息素养研究成果进行了预检索,共检索出来1929篇文献,研究对象包括了小学生、中职生、高职生、本科生和研究生,其中有针对性地研究了师范生、医学生信息素养状况。在此基础上,确定了高职院校学生信息素养中文检索式"篇名=高职学生信息素养 or 高职院校学生信息素养 or 高职生信息素养 or 高职院校信息素养",匹配方式为"精确",来源类别为全部期刊,检索出来77篇文献,对这些文献进行可视化分析,发现近5年是一个不断上升的研究趋势;理论研究大部分集中在高职院校学生信息素养提升策略、培养对策、教育路径等方面,提升路径主要涉及新生入馆教育、主题讲座、数据库培训、阅读推广、信息素养课程、信息素养大赛等方面。近年来,在全国高职高专院校信息素养大赛的影响下,高职院校信息素养课程教学内容、教学方式、教学手段及教学技术不断创新,逐渐成为研究热点;在高职院校学生信息素养能力评价体系的构建上也有少量研究;对于大数据时代的数据素养、增强批判性思维的元素养、数字时代数字素养与技能、创新思维与创新能力、终身学习等信

息素养教育内容，目前还很少有研究。理论研究主要有以下几个方面。

一是对高职院校学生信息素养教育教学模式的研究。大部分高职院校都以信息技术基础课程或者信息检索课的形式开设信息素养课程，以必修课、选修课进行通识教育或嵌入式教育。从教学模式来看，主要有广西水利电力职业技术学院的基于混合式线上+线下有机结合的教学模式、丽江师范高等专科学校的基于项目式的教学模式（在大学计算机基础课程中设计一些新颖项目，培养学生的创造性思维）、运城幼儿师范高等专科学校的基于翻转课堂以学生为主导的教学模式，以及南阳医学高等专科学校开设的医学计算机与信息素养的基于"平台+终端"（即 MOOC 平台+智慧教学终端）的教学模式。而这些研究说明了近年来高职信息素养教育已经在实践层面上得到了重视，不同的教学模式、教学方法已经成为研究热点。

二是对高职院校信息素养教育现状的研究。李雁行通过对 2019 年、2020 年入围全国信息素养大赛总决赛的 26 所"双高计划"学校调研发现，目前高职院校普遍存在着开设信息素养相关课程（信息检索课）的学校少、学时不足、小班授课等情况；唐榕蔚认为，培养过程中高职院校存在着对信息检索课重视不够、教学质量不高、图书馆参与度不高等问题；毛静通过对 2019 年湖南省高职高专院校信息素养大赛进行分析，发现湖南省高职院校对信息素养教育重视不够，课程教学方式不同、教学效果不好，地区之间差异比较大等现状；孙津津认为，高职院校信息素养教育在管理中存在着认识单一受限、信息素养教育职能分散而内容零碎、实施过程中信息素养师资匮乏、课程与专业脱节、教材跟计算机技术课内容重复多、缺乏信息素养内容等问题。这些研究说明了高职院校信息素养教育还存在着诸多问题，等待去研究解决。

三是对高职院校信息素养教育培育路径的探讨。路径策略大部分研究集中在构建合适的信息素养培养体系、嵌入专业课程、信息素养师资队伍建设上。陈玲霞构建分阶段渐进式培养模式，从新生入学教育到拓展教育构筑从学校、教师到学生层面的保障机制；金鑫将大一信息素养基础、大二信息素养进阶、大三高级信息素养融入学生不同阶段的层次模型培养体系；谢小军探索以学习者为中心的新的信息素养教育路径。这些研究路径都在各个研究者的高职院校开展应用，目标都是提升高职院校的信息素养能力。

对近 5 年高职院校信息素养教育研究成果进行梳理，有利于我们了解当前高职院校信息素养的研究现状，大多数都处于理论研究和各自学校的一个自主探索阶段，缺乏统一的课程标准和教学大纲，高职院校学生究竟应当具备怎样的信息素养水平或能力，没有统一的评价标准，也没有统一的规定，很难提出符合当前职业教育发展要求的信息素养教育服务模式。

二、高职院校学生信息素养评价指标体系构建与问卷设计

（一）指标体系的构建

通过大量的文献研究，目前国内尚未有统一的评价指标体系，仅有一个由清华北航联合制定的"北京地区高校信息素质能力指标体系"，在国内影响力比较大，但高职院校与本科高校的办学模式和人才培养方案是不同的，高职院校重点是办好职业教育，目的是培养高素质应用型人才和具有一定文化技能的社会实践者或工匠人才，侧重实践技能，体现职业素养，因此指标体系也应关注职业性和实践性。另外，指标体系的构建也应考虑新媒体的出现、移动互联网与移动设备的大量使用、新的信息技术等带来的新信息生态环境，这些都不断地影响着高职院校学生信息素养能力的培养，为此高职院校学生信息素养能力评价的内容不可忽视新的媒体环境带来的变化。此外，图书馆是高职院校学生信息素养教育的主阵地、主战场，图书馆资源的利用获取情况能客观地反映高职院校学生信息素养能力，指引着信息素养教育向着科学发展，因此在评价内容里，图书馆资源利用情况也应重点体现。

在已有研究成果的基础上，结合新的信息生态环境，采用文献调研定性分析的方法，确定高职院校学生信息素养的评价指标体系，包含信息意识、信息知识、信息能力、信息道德4个一级指标，然后使用层次分析法，邀请专家访谈和学生面谈，对指标内容进行评判，对同一层次各个指标进行细化，最终确定了包含信息重要性意识、信息获取意识、信息基础知识、信息方法和技术知识、信息获取运用整理利用能力和图书馆资源利用能力、信息伦理道德、社会责任等14个二级指标的评价体系。这样保证了指标体系的可操作性和科学性，以便更好地统计分析高职院校学生信息素养现状。

（二）问卷设计

1. 调研对象

本次调研，以北京市高职院校学生为调查对象。向20个不同专业、不同年级阶段的高职生发放调查问卷，重点调研了北京政法职业学院2023级法律

审务3班的33位学生,通过调研学习"信息技术应用基础"课程来了解学校信息素养课程的开设情况,另外参加访谈的有4位专家教师和54位参加北京地区高职高专院校信息素养大赛的学生,主要是针对评价指标体系的科学性和可操作性进行的征询。

2. 调研问卷设计

题目设计上包括了调查对象的基本情况和指标体系评价的信息素养内容。其中,有信息重要性意识、关注意识、主动意识、获取意识等4道信息意识题,信息知识题4道,信息获取能力、信息运用能力、信息整理能力、信息利用能力和图书馆资源利用能力等11道信息能力题,信息道德题2道,其他3道涉及基本情况和高职院校学生如何提升信息素养能力的建议,共计24道题(表5-2)。详细问卷调查题目如附录3所示。

表5-2 问卷调查内容设置

单位:题

题目类型	数量
信息意识	4
信息知识	4
信息能力	11
信息道德	2
其他	3

3. 调研过程

本次调研主要是通过问卷星发放给不同高职院校不同专业的学生,历时2个月,共收回问卷1297份,其中有效问卷1279份,有效率达98.6%。一年级占比32.99%,二年级占比27.83%,毕业班占比39.18%。问卷星能够进行分类统计、交叉分析和在线SPSS分析,保证了数据分析的准确性。

三、调研数据统计与分析

本次问卷调查主要是从指标体系一级指标4个维度和二级指标14个方面

对高职院校学生的信息素养现状进行调查。

(一)信息意识分析

信息意识,主要是考查学生是否对信息具有敏锐的洞察力、是否对信息重要性有所认识,以及是否关注信息并对需要的信息有获取的意识。问卷数据显示,74.19%的学生认为信息对日常学习、生活及未来工作很重要,96.14%的学生认为信息素养能力对将来的就业非常重要和重要,说明高职院校大多数学生能认识到信息的重要性。在问到是否关注(如学习、生活、工作等)与自身密切相关的信息时,60.93%的学生非常关注与日常生活相关的信息,35.13%的学生比较关注,只有3.94%不大关注和从不关注,说明高职院校学生对日常的信息还是比较关注的,90%以上的学生都能关注跟自己相关的信息。当有信息需求时,54.48%的学生总是主动查找,36.92%的学生多数时候能主动查找,从不主动查找的只占1.43%;找到信息后,48.75%的学生十分愿意主动与他人共享信息和知识,49.82%的学生视情况而定,说明在学习或生活中遇到困难时,大部分能主动查找,获取信息,只有一小部分不会查找,并且有一部分同学有传播信息的意识,另一部分会保持谨慎的态度。在需要某一资料时,49.46%的学生能非常清楚地知道去哪里获得,42.29%的学生能比较清楚地知道获取途径,说明91.75%的学生具有清楚获取信息的意识。获取信息的主要渠道中,77.78%的学生通过百度等搜索引擎查阅资料,其次是通过抖音、快手等短视频获取,再者是微信公众号,图书馆资源排到了后面,这说明高度信息化时代,移动互联网、新媒体成为学生获取信息的主要渠道,但在对百度等搜索引擎使用情况的调查中,能非常迅速地找到所需要信息的只占10.75%,基本上是能找到所需信息的网站和网页,可见最常用的是通过网络搜索引擎查找信息,但找到的信息质量一般,说明获取信息的意识有,但信息获取的技巧欠缺。从调查的结果看,随着信息技术和信息化的发展,高职院校学生信息意识有所增强,大部分学生认识到信息的重要性,能主动关注并去查找需要的信息,有获取信息的意识,获取信息的途径也比较广,但仍有一部分学生的信息意识淡薄,有待学习和提高。

(二)信息知识分析

信息知识通常包括与信息相关的基本理论知识和信息检索技术知识。调研数据显示,信息源的使用上,学生在学习(学术)研究中使用网络信息源的最多,占到了63.8%,其次是网络为主,配合使用图书馆资源。而学生使用网络获取的信息中,与学习相关的占到78.14%,其次是生活信息和新闻信息,这充分说明网络成为学生日常学习、生活中信息的重要来源。然而,在调研中当问及能否根据信息需求准确概况出所要的关键词进行检索时,完全能的占34.05%,大部分同学都不会提炼关键词,而是把所需信息整条输入进行检索,检索技能知识缺乏。因此,一直都能准确获取自己所需信息的学生只有31.54%。可见信息知识的掌握程度直接影响着学生的信息素养水平,提高学生的信息基础知识水平和技能迫在眉睫。

(三)信息能力分析

信息能力是指对信息知识的应用、对信息资源的获取整理与利用、对信息技术及其工具的选择和使用的能力,是信息素养最核心的部分。在对信息知识的应用调查中,在浏览、阅读资料后,基本可以迅速并准确地概括、总结文章主旨的占大部分(53.76%),完全能的、较难能的、不能的差不多一样多。在信息资源的获取渠道方面,学生主要通过百度等网络进行获取,但在是否能准确地获取自己所需的信息的调查中,一直都能的学生占31.54%,经常能的学生占50.54%。图书馆资源丰富,拥有着海量的数字资源和庞大的纸质资源,是培养高职院校学生信息素养的重要场所。然而,当学生遇到学习问题需要查找资料时,他们首先想到的是网络,而不是图书馆。这就需要高职院校图书馆加大力度宣传推广图书馆的资源,让每个学生都知道并熟悉图书馆有哪些资源,在需要信息时,知道在哪里能获取到自己需要的信息,从而更好地利用图书馆资源。在信息检索方式调查中,会简单检索的占到89.25%,高级检索等其他检索技巧的使用寥寥无几,检索技巧的简单使用很大程度上限制了学生的获取能力和准确度。因此,在希望从哪些方面进一步提升信息素养能力的调查中,77.42%的学生选择了检索工具、数据库的使用这一项,说明大部分学生还是很渴望学习一些专业检索工具的使用技巧的,从而更多更准确地获取信息。在信息整理方面,从对收集获取到的信息资料进行分类整理的频次来看,经常整理的占39.07%,有时整理的占49.82%,大部分学生对获取到的信息还没有养成整理的习惯,尤其是通过移动端获取的信息。通过访谈了解到学生一般随用随获取,很少做到保存、整理、再创造,创新形成自己的观点就更少了。这可能与高职院校学生没有学术研究、论文撰写的要求有关,没有压力就没有学习动力。由此可知,学生在信息能力方面,特别是信息检索能力、检索技巧与检索工具使用、信息准确获取能力方面有极大的提升空间,亟须加强提高。

(四)信息道德分析

信息道德是指人们在利用信息时要遵守的一些行为规范、法律规则。通过调查发现,大多数学生能够保护个人隐私、抵制传播不良信息,不在朋友圈、微博等社交平台发表有人身攻击倾向的言论,每个专业都学习了相关的法律法规知识等,所以在涉及伦理与道德问题的选项中,非常熟悉的占39.07%,比较熟悉的占47.31%,但仍有一小部分学生对信息伦理道德不熟悉、不了解。当问及在网上搜索到作业或者论文信息后是怎么利用信息的,51.25%的学生是理解后用自己的话表达,在原作基础上修改的占13.26%,仅作为参考的占13.26%,有22.22%的学生直接复制粘贴,这说明有相当一部分学生存在着抄袭信息、剽窃作业情况,不知道遵守学术规范,需要加强教育和引导,时刻警惕。在信息大爆炸的时代,网络里充满着良莠不齐的信息,高职院校学生的认知水平又不高,信息伦理道德教育就显得十分必要和紧迫。

(五)图书馆资源利用情况分析

通过问卷调查可以看出,只有39.43%的学生对学校图书馆的数字资源(中国知网、万方数据、新东方多媒体库)非常了解,而影响学生使用图书馆数字资源的因素中,76.51%的学生不知道可以利用哪些数据库来查找文献和不熟悉数据库的检索下载操作。高职院校图书馆的数字资源非常丰富,有版权的数据库,涵盖了电子图书、电子期刊、报纸、多媒体等,此外还有免费和试用的资源库,如果这些都满足不了的话,还可以进行文献传递。这些资源库可以进行在线考试,英语、法律、设计、摄影、音乐等专业的学习,娱乐休闲等,但大多数学生不仅没有充分利用,而且知道了解的也很少,这说明高职院校学生的信息素养水平实际上比自评的还要低,高职院校亟须重视起来,提升学生的信息素养能力。

(六)学院开设信息素养课程情况调查分析

通过师生访谈了解到高职院校目前是在开设的"信息技术应用基础"课程中嵌入了信息检索知识,没有专门开设信息素养专业课程(即文检课),而"信息技术应用基础"课程作为大一新生必修课,共54个课时,主要讲解 Word 文档处理、Excel 电子表格处理、PPT 演示文稿制作这三大部分内容，信息检索、新一代信息技术概念、信息素养与社会责任这部分内容有的教师讲解了，有的教师在课堂上根本没有提起，因为没有统一的授课标准。另外，笔者在"信息技术应用基础"课程中嵌入了信息素养的内容，给学生讲解百度等网络搜索引擎的检索技巧、中国知网、万方数据、博看期刊等数据库的检索技巧，以及图书馆资源的检索、获取、利用途径。学生普遍认识到，提高检索技能，才能在网上搜索到自己想要的信息，原来除了用百度等搜索信息以外，图书馆还有很多丰富的资源，对信息检索课有着非常强的兴趣；结课时，学生一致认为通过一学期的学习，自己计算机操作能力提高了，信息检索能力也提升了，有着非常强的学习信息检索课的意愿，想要学习更多的检索技巧，从而检索到更多的信息。高等职业教育专科信息技术课程学科核心素养主要包括信息意识、计算思维、数字化创新与发展、信息社会责任四大内容。因此，要想使高职院校学生信息素养能力有所提高，应从学院层面统一授课标准、授课计划和授课内容。

四、高职院校学生信息素养培养策略建议

目前我们处在高度信息化的社会、信息大爆炸的年代，信息呈几何倍数增长，信息疫情泛滥，真假难辨。同时，大数据、5G、人工智能、移动互联网等新信息技术又不断涌现，教育信息化 2.0 行动对高职院校学生的信息素养能力提出了新的要求，因此重视学生信息素养培育和能力提升，使其适应高职教育信息化的发展，就显得尤其重要。通过文献调研、问卷调查和访谈，结合高职院校多年信息素养教育实际情况，提出以下几点策略建议。

（一）学校发挥引领作用，加强信息素养教育顶层设计

随着教育信息化 2.0 行动的开展，"互联网＋教育"逐渐实施，信息技术与教育深度融合，在线教学平台不断深入应用，线下与线上课程无缝衔接，全部课程都实现在线授课、学习，大批在线精品课程建设完成，对高职院校学生来说，具备良好的信息素养以适应大规模的信息化学习，显得尤为重要。因此，首先高职院校应从学校层面重视学生信息素养培养，加强信息素养教育顶层设计，重新规划设计各专业的人才培养方案，将信息素养教育融入专业建设的总体规划中，融入课程设置与教学改革中，制定培养目标和培养规格，出台信息素养评价标准，形成"学校指导、二级学院推进、系部落实"的教育方针。其次高职院校应加强信息化建设，为学生信息素养能力提

升提供设施保障，提升教师信息素养能力，组建专兼职团队为培育学生信息素养提供师资保障，完善工作制度，成立学校、教育教学主管部门、二级学院、图书馆、信息素养教师等相关部门共同参与的领导小组，各司其职，层层落实工作机制，促进学校更好地贯彻落实《国家职业教育改革实施方案》和教育信息化方针，提高人才培养质量，注重培养学生信息素养和职业素养，突出实践性和应用性，为社会培养出高素质技能型人才。最后高职院校应加强信息伦理道德普及与宣传，在高度信息化的今天，网络已经成为学生获取信息的重要渠道，网络信息形形色色，充满着各种各样的声音，真假难辨。因此，高职院校应从学校层面宣传引导，加强高职院校学生信息检索技能，去伪存真，传播正能量，不造谣不信谣，遵守法律规范，树立正确的信息道德伦理观。

（二）图书馆体现职能堡垒作用，构建渐进式分阶段信息素养培养机制

高职院校重点是培养高素质技能型人才，是培养大国工匠、能工巧匠的主阵地，其以职业需求为导向，产学研用相结合，并根据高等职业教育的培养模式，建立"育训结合、德技并修、顶岗实习"的育人机制。而在高职院校学生信息素养的培养中，图书馆应发挥职能堡垒作用，从新生入馆教育到大三顶岗实习，再到毕业论文撰写，直至离校前夕，构建渐进式分阶段的培养机制。

初始阶段，对于刚入大学校园的大一新生来说，校园文化和信息素养都是模糊的，图书馆应抓住新生入馆教育环节，通过线上线下相结合的方式向新生进行入馆教育。线上可以通过学生喜爱的游戏闯关环节，让他们详细地学习图书馆概况、入馆须知、数字资源、图书借还等知识点，边闯关边答题来检验学习效果。线下分批次地让每个新生实地参观图书馆，真实地了解图书馆的馆藏布局、功能、工作流程、图书分布等，在问卷调查中，关于通过哪些途径了解图书馆资源，关注图书馆微信公众号的学生占到了 72.76%，其次是图书馆网站，所以在新生入馆教育时，不仅要发放图书馆指南，更要让新生关注图书馆微信公众号和网站，利用网络平台向学生发布信息素养活动信息和展示数字资源，帮助新生了解和熟悉图书馆，树立正确的信息素养观，为以后的信息素养教育奠定良好的基础。

基础阶段，针对大一学生，开设信息素养基础课程，掌握信息技术基础知识和技能，了解信息技术领域的前沿技术，进行信息意识、计算思维、数字化创新与发展、信息素养与社会责任等核心素养培养，通过知识讲解、小

组讨论或模块化学习，强化信息意识，提升计算思维，增强数字化创新与发展能力，树立正确的信息社会价值观和责任感，为其职业能力、职业素养和信息素养能力的可持续发展奠定基础。

中级阶段，针对大二学生，开展了专业课学习，应将信息素养教育嵌入专业课学习中，了解学科知识的信息动态和脉络发展，掌握专业数据库的检索及高级检索技巧，会选择检索工具、制定检索策略、写出具体检索流程等，能够进行信息管理、分析、整合、评价及利用。组织这一阶段学生参加各级别的信息素养大赛、创新创业大赛等，结合专业知识应用，进行技能训练和综合实践，以赛促练、以赛促学，使其信息检索能力得到进一步的提升。

高级阶段，针对大三学生，其面临毕业，有着一定的信息素养基础，主要帮助大三学生顺利毕业，开展有针对性的专题讲座或培训，如课程设计制作、论文选题、毕业论文或综述报告撰写、文献管理、学术规范的了解及就业创业信息查找获取等，并将信息素养教育嵌入顶岗实习的实践阶段，理论与实践结合，引入批判性思维、团队意识、沟通技巧、创新能力等高层次内容，不仅要培养高职院校学生具有较高的信息素养，还要让他们养成良好的职业素养，以便在未来的岗位上更好发展。

（三）多部门通力合作，重构信息素养课程体系

在教育信息化和"互联网+"教育的背景下，信息素养教育逐渐得到国家及各个高校的重视，单一的信息素养教育通识课程已经不能满足国家信息化发展战略对人才培养的要求，高职院校应重构信息素养课程体系，深化信息素养与各专业核心课程的融合，拓展信息素养教育内容。为此，高职院校应打破以计算机基础为主的通识课程框架，增设信息检索，融入思政元素，嵌入各专业课内容，拓展人工智能、大数据等信息技术内容；信息素养教育课程的实施应由计算机基础课程老师、图书馆负责信息检索的指导老师、专业课老师、思政老师多方配合协同合作完成。

"信息技术应用基础"课程承担着培养学生信息素养的基础任务，包括Word、Excel、PPT制作、新一代信息技术概述等信息技术基础部分。2021年4月，教育部印发了《高等职业教育专科信息技术课程标准（2021年版）》，高职院校应按照课标统一授课内容、授课计划和评价标准。信息检索课程应得到高职院校的重视，由图书馆的教师负责。1981年，国家教委颁发的第1份文件将"文献检索课"规定为高校图书馆工作任务之一，2018年《关于进一步加强高等学校信息素养教育的指导意见》指出，信息素养教育是图

书馆核心工作之一，建议高等学校将信息素养教育纳入本校人才培养方案。信息检索是信息素养的提升课程，包括信息检索基础知识，搜索引擎检索方法及使用技巧，中国知网、万方、超星、博看、维普等专业数据库的使用，高级检索技巧的培养，以及职业理想道德、职业精神、团队意识等职业素养知识。将信息素养内容嵌入专业课就是由图书馆教师协助专业课教师共同制定课程标准、教学内容和教学计划，专业课教师承担教学任务，在专业课的教授过程中引导学生了解本学科的前沿知识，利用专业的背景查找相关的信息，介绍专业检索工具的使用等信息素养的具体应用内容。例如，在法律专业课中嵌入中国法律资源数据库的使用，不仅使学生能够获取丰富的法律资源，还能让学生掌握快速检索、分类检索、高级检索、智能检索等技巧，使学生在专业课的学习中养成信息意识，感知到信息素养的重要性，进一步培养高职院校学生自主学习和终身学习的能力。

在前面课程学习完成后，高职院校学生具备了一定的信息素养理论知识和技能，拓展课程可以以网络选修课来进行，充分利用网络学习平台，如中国大学（MOOC）、学堂在线、国家精品课程资源网、视频网站（哔哩哔哩）等开展拓展学习，如浙江工贸职业技术学院在中国大学平台开设的"信息技术"课程。学生可以根据自己时间选修学习，了解云计算、大数据、人工智能等新信息技术的概念、特征、典型应用及发展趋势，使其信息素养和信息技术应用能力得到全面有效提升。

总之，随着时代的发展、新信息技术的出现、信息环境的改变，信息素养的内涵不断演变，信息素养教育内容也在不断扩展，信息素养标准随之更新，高职院校信息素养教育的内容也应不断完善和深化，循序渐进地将媒介素养、数据素养、元素养及数字时代的数字素养纳入其中，一步步地进行拓展和应用实践，加强高职院校学生批判性思维、自我反思与创新能力的培养，重视知识再创造能力的培养，使信息素养为高职院校学生学习、就业创业服务，提高他们在未来岗位中的竞争力和终身学习能力，成为国家需要的高素质技术技能型人才。

第三节 双高院校信息素养教育的调查研究

2019年1月24日，国务院印发《国家职业教育改革实施方案》，启动实施中国特色高水平高等职业学校和专业建设计划，其目标是建设一批引领改革、支撑发展、中国特色、世界水平的高等职业学校和骨干专业（群）。为了落实《国家职业教育改革实施方案》，2019年4月，教育部、财政部发布《关于实施中国特色高水平高职学校和专业建设计划的意见》，简称"双高计划"，明确提出提升信息化水平，促进信息技术和智能技术深度融入教育教学和管理服务全过程，提升师生信息素养，建设智慧课堂，促进自主、泛在、个性化学习。"双高计划"实施是职业教育发展的重要举措，引领职业教育向更高质量发展，同时也对高职院校师生的信息素养能力提出了更高的要求。因此，在"双高计划"实施下，高职院校应开展信息素养教育，调查研究高职院校学生的信息素养现状，提出合适的信息素养培养路径，让学生在有信息需求时能够具有获取信息的意识、分析辨别信息的能力，并且能够遵循信息伦理道德，这对学生今后的成长和发展具有深远的意义。

一、双高院校信息素养教育的研究现状

为了解高职院校信息素养教育的研究情况，在中国知网中采用检索式"su%='高职院校' and su%='信息素养'"，检索出的研究成果有367篇，进一步了解"双高计划"背景下高职院校信息素养的研究情况，检索式为"su%='双高计划' and su%='信息素养'"，在中国知网中进行了预检索，检索出来的研究成果只有40篇，对这些文献进行可视化分析，从2019年以来是不断上升的一个研究趋势；为了更精确地了解研究情况，使用篇名检索式"TI='双高计划' and TI='信息素养'"，相关研究成果更少了，只有10篇，其中3篇研究"双高计划"背景下教师的信息素养。郭云鹏分析了高职教育容易忽视信息素养教育的问题；陆洪伟阐述了"双高计划"背景下高职院校学生信息素养存在信息技术知识掌握不够全面、对信息灵敏度不够高、获取能力不足等问题；王勇等通过教学案例，锻炼并提高学生网络信息素养能力；侯松霞重点从高职院校和图书馆两个方面分析了高职院校信息素养教育落后的原因；韩红蕾通过调研10所A档双高院校图书馆信息素养教育现状，发现高职院校信息素养教育宣传推广力度不够、开展水平参数不齐、形式单一、内容简单。这些理论研究大部分集中在从路径、对策等方面对高职院校学生信息素养能力进行提升上，针对高职院校学生能力的提升，建议从完善顶层设计、组建教学团队、构建课程体系、改革教学模式等方面入手。但在"双高计划"背景下，对高职院校学生信息素养能力评价体系的构建及信息素养课

程体系的建设研究很少。

对"双高计划"背景下高职院校信息素养教育研究成果的梳理，有利于我们了解当前"双高计划"高职院校信息素养的研究现状，目前缺乏统一的适用于高职院校学生的信息素养评价标准，但"双高计划"建设又对职业教育、高职院校师生的信息素养能力提出了更高要求。因此，在"双高计划"建设下，根据高职院校学生的特点，高职院校需要加快研究构建科学的高职院校学生信息素养能力评价标准，不仅为高职院校学生信息素养能力的提高提供依据，而且还能为高职院校学生信息素养教育提供指导、指明方向。

二、双高院校信息素养教育现状

为了解双高院校图书馆信息素养教育情况，笔者采用网络调查法，调研了首批入选中国特色高水平学校建设单位的56所高职院校，调研时间为2023年7月—2023年8月，历时两个月，以图书馆官网、CALIS网站为主，图书馆微信公众号为补充渠道。通过网站本馆概况、服务、资源、新闻公告、最新动态，以及微信公众号栏目与推文、CALIS网站等渠道了解双高院校图书馆信息素养教育情况。

经调查发现，有9所双高院校图书馆网站无法打开或者是内网没有权限，有5所双高院校图书馆网站上几乎没有提供服务项目，其中1所双高院校图书馆网站打不开，微信公众号上也没有服务，1所双高院校图书馆既没有网站也没有公众号，而其余7所双高院校可以利用微信公众号上提供的服务作为补充，最终有效调研了49所双高院校信息素养教育情况（表5-3）。

表5-3 49所双高院校信息素养教育情况

学校名称	网站专栏	入馆教育	培训讲座	信息检索课程	信息素养大赛	2022年教师微课赛	2022年全国信息素养大赛前100名	2023年全国信息素养大赛前100名
北京电子科技职业学院		✓	✓		✓			
天津职业大学		✓	✓		✓	✓		✓
江苏农林职业技术学院		✓	✓		✓			✓
无锡职业技术学院	✓	✓	✓	✓	✓		✓	✓

续表

学校名称	网站专栏	入馆教育	培训讲座	信息检索课程	信息素养大赛	2022年教师微课赛	2022年全国信息素养大赛前100名	2023年全国信息素养大赛前100名
金华职业技术学院	✓	✓	✓		✓	✓		
浙江机电职业技术学院		✓	✓		✓	✓	✓	
山东商业职业技术学院		✓			✓		✓	✓
黄河水利职业技术学院			✓					
深圳职业技术大学	✓	✓	✓	✓	✓		✓	
陕西工业职业技术学院	✓	✓	✓		✓	✓	✓	
北京工业职业技术学院	✓	✓	✓		✓			
河北工业职业技术大学	✓		✓					
辽宁省交通高等专科学校		✓	✓		✓	✓		
常州信息职业技术学院		✓	✓		✓	✓		✓
江苏农牧科技职业学院					✓		✓	
南京信息职业技术学院								
杭州职业技术学院	✓	✓	✓					
宁波职业技术学院		✓	✓		✓			✓
浙江金融职业学院		✓	✓		✓		✓	
日照职业技术学院		✓	✓		✓	✓	✓	✓

续表

学校名称	网站专栏	入馆教育	培训讲座	信息检索课程	信息素养大赛	2022年教师微课赛	2022年全国信息素养大赛前100名	2023年全国信息素养大赛前100名
淄博职业学院		✓	✓		✓			✓
长沙民政职业技术学院			✓		✓	✓		
广东轻工职业技术学院	✓		✓		✓			
广州番禺职业技术学院		✓	✓		✓		✓	
深圳信息职业技术学院	✓		✓					
顺德职业技术学院	✓	✓	✓	✓	✓			
重庆电子工程职业学院		✓	✓		✓			
杨凌职业技术学院		✓	✓		✓			
北京财贸职业学院	✓		✓		✓			
内蒙古机电职业技术学院								✓
哈尔滨职业技术学院		✓	✓					
常州机电职业技术学院			✓					
江苏经贸职业技术学院	✓	✓	✓					
温州职业技术学院		✓	✓					
芜湖职业技术学院			✓		✓		✓	✓
福建船政交通职业学院	✓	✓	✓		✓			✓

续表

学校名称	网站专栏	入馆教育	培训讲座	信息检索课程	信息素养大赛	2022年教师微课赛	2022年全国信息素养大赛前100名	2023年全国信息素养大赛前100名
九江职业技术学院	✓		✓		✓			
滨州职业学院			✓		✓		✓	✓
武汉船舶职业技术学院	✓	✓	✓	✓	✓			✓
湖南铁道职业技术学院		✓						
南宁职业技术学院		✓			✓			
海南经贸职业技术学院			✓		✓		✓	✓
四川工程职业技术大学	✓	✓	✓	✓	✓			✓
贵州交通职业技术学院		✓	✓					
昆明冶金高等专科学校	✓	✓	✓		✓			
陕西铁路工程职业技术学院	✓	✓			✓			
西安航空职业技术学院	✓							
宁夏职业技术学院		✓						
新疆农业职业技术学院		✓	✓					
总计/所	19	34	43	6	34	8	12	15

三、调研结果分析

（一）图书馆专栏设置情况分析

图书馆官网是高职院校图书馆的门户，是为读者提供服务的窗口，具有发布信息、宣传图书馆的功能，是图书馆资源展示与提供高质量服务的平台，是师生获取图书馆资源和了解图书馆服务的重要途径。在调研的49所双高院校中，只有19所在图书馆网站上设置有信息素养栏目，但只有2所将信息素养教育设置为一级栏目，其余都设置为二级栏目。可见，双高院校图书馆对信息素养教育重视程度不够，宣传推广力度还需要加强。

（二）新生入馆教育情况分析

信息素养已经成为当代大学生必备的品格和技能，信息素养教育应贯穿整个大学期间，直至嵌入毕业论文、就业创业职业情境中，高职院校图书馆作为未来学习的中心、信息素养培养的重要基地，其开展着各种类型的信息素养活动。调研结果显示，34所双高院校开展了新生入馆教育，通过实地参观图书馆、闯关游戏、图书馆宣传片、新生入馆第一课等各种形式，让新生充分地了解图书馆布局、图书馆资源与服务。入馆教育一般是在新生入学之初进行，能够加深新生对图书馆拥有丰富海量资源、能够提供良好服务的印象，从而吸引新生走进图书馆、爱上学习、爱上看书，但仍有一部分双高院校图书馆没有开展新生入馆教育活动，没有引起重视。

（三）培训讲座情况分析

图书馆举办各种培训和讲座，是提高师生信息素养的最直接、最快途径。调研发现，有43所双高院校图书馆开展了信息素养培训讲座。例如，北京电子科技职业学院图书馆开展系列培训、深圳职业技术大学图书馆开展两类专题讲座（固定时间、地点、主题的系列讲座"每周三下午，提升自己的终身学习能力"和不定期举办的针对性培训）；陕西工业职业技术学院图书馆举办读书文化节系列直播讲座；九江职业技术学院图书馆借助B站推出"提升信息素养、赋能科研学习"系列线上直播讲座。双高院校图书馆都以不同形式开展各种培训讲座，但亮点和特色鲜有，还需要加强研究，以提高师生参与度。

（四）信息检索课程

信息检索课程在高职院校人才培养中以公选课或必修课形式开设。在调研的49所双高院校中，只有6所开设了信息检索课程，如无锡职业技术学院图书馆开设的"信息资源获取与利用"公选课，武汉船舶职业技术学院、昆明冶金高等专科学校图书馆开设的"信息检索"公选课。对信息素养最重视的院校是深圳职业技术大学，其开设了"信息素养"必修课，共16学时、1

个学分。该校还是信息素养讲师培训基地。顺德职业技术学院开设的"信息素养步进课程"和四川工程职业技术大学开设的"信息素养通识教程"网络课程，补充了另一种学习方式。信息素养通识课能够培养学生的信息检索、获取与利用能力、信息评价能力、批判性思维、创新能力、信息伦理等，已经成为信息社会公民必备的基本素养，但从调研结果看，高阶层的信息素养课程开设明显不足，只占12%，这与国家要求开设信息素养课程，提升师生信息素养能力，有较大差距。

（五）信息素养大赛

为贯彻落实《国家职业教育改革实施方案》《教育信息化2.0行动计划》《普通高等学校图书馆规程》等有关文件精神，持续推进高职高专院校信息素养教育工作，教育部高等学校图书情报工作指导委员会高职高专院校分委员会、高等教育文献保障系统（CALIS）管理中心连续举办5届全国高职高专院校信息素养大赛。根据CALIS官网公布，连续参加两届（即2022年和2023年全国信息素养大赛）的49所双高院校中有34所，其中2022年教师微课赛获奖的只有8所，2022年学生进入全国前100名的双高院校有12所，2023年有15所双高院校进入全国前100名。由此可见，双高院校师生信息素养能力还处在较低水平，亟须加强提高。

四、建议

借"双高计划"建设，乘教育信息化2.0行动实施东风，双高院校应完善顶层设计，将信息素养教育纳入人才培养方案，列入各学科各专业教学计划，融入专业群建设，参与专业群教学，开展以学分为主的必修课程。高职院校图书馆作为信息素养教育的主阵地，应充分发挥资源的优势，创新信息素养教育的形式，拓展其内容，与各专业群骨干教师合作，使信息素养与各专业核心课程融合，将论文写作、科技写作、调查报告写作、特种文献专利和标准查询等专业信息检索技能内容嵌入课堂，不仅提高了高职院校学生信息检索技能，而且培养了学生信息意识，使其信息素养能力与专业课学习共同促进、相互提升。另外，双高院校图书馆应以全国高职高专院校信息素养大赛为契机，积极组织师生参加，加强信息素养知识培训，制定培训方案，强化训练，"以赛促学、以赛促教、以赛促建"，高度重视开展信息素养教育教学活动，充分发挥图书馆在信息素养教育领域的主力军作用，提升师生信息素养与技能，助力终身学习，促进高职院校信息素养教育全面健康发展。

第六章 不同信息环境下高职院校信息素养教育策略

第一节 "互联网+"思维下高职院校信息素养教育策略

"互联网+"时代的来临对社会的各个方面都产生了巨大影响,给图书馆的发展也带来了影响与挑战。"互联网+"时代的图书馆将如何发展,如何合理规划建设图书馆的各类资源,怎样用"互联网+"思维发展图书馆,进行信息素养教育,已成为"互联网+"时代高职院校信息素养教育工作者需要考虑的问题。

一、"互联网+"的概念

"互联网+(Internet+)"概念最早在我国是由于扬提出,于扬在2012年11月第五届移动互联网博览会中首次提出"互联网+"概念,认为"所有传统和服务都应该被互联网改变"。2015年3月,马化腾向全国两会提交了《关于以"互联网+"为驱动,推进我国经济社会创新发展的建议》提案,呼吁"以'互联网+'为驱动,鼓励产业创新、促进跨界融合、惠及社会民生,推动我国经济和社会的创新发展",并希望能从顶层设计层面制定国家的"互联网+"生态战略。2015年7月4日国务院印发《关于积极推进"互联网+"行动的指导意见》,正式拉开了研究机构和研究者对"互联网+"理论与应用研究的大幕。从已有研究来看,"互联网+"仍处于初期的理论分析和探索阶段,即各级政府、各个行业、机构和研究者都愿意积极地去论证和探讨的阶段。"互联网+"的实现有助于在全社会范围内形成以互联网为基础设施和实现工具的经济发展新形态。从公共服务和信息管理角度来看,"互联网+"能够在公共文化服务体系中,充分发挥互联网在社会公共服务资源配置中的优化和集成作用,提高资源利用率,降低公共服务消费成本,并能激活以互联网为载体、线上线下交互的新兴信息消费,实现互联网与公共文化服务体系的深度融合、公共服务创新体系和服务资源的有机整合。2020年2月26日，教育部办公厅印发《2020年教育信息化和网络安全工作要点》，核心目标是深入实施教育信息化2.0行动计划，不断探索"互联网+"条件下教育发展新模式，大力实施信息素养教育全面提升行动，"加快发展面向每个人、适合每个人、更加开放灵活的教育体系"。

从2015年国家制定的"互联网+"发展生态战略来看，"互联网+"战略的本质内涵就是以互联网为标志的信息通信技术可以无所不在，不仅可以改造所有的产业和行业，颠覆创新的范式，而且可以改变我们的生活方式和社会管理模式。在全球新一轮科技革命和产业变革中，互联网与各领域的融合发展具有广阔前景和无限潜力，已成为不可阻挡的时代潮流，互联网将会成为水、电一样的基础设施；它会像潮水一样漫过传统低效的洼地。"互联网+"就是"互联网+各个传统行业"，但这并不是简单的两者相加，而是利用信息通信技术以及互联网平台，让互联网与传统行业进行深度融合，创造新的发展生态。互联网+传统的广告成就了百度，互联网+传统集市成就了淘宝，互联网+传统百货商场成就了京东，互联网+传统银行成就了支付宝，互联网+传统的书城成就了当当，那么互联网+传统图书馆成就了什么？数字图书馆、移动图书馆。面对席卷而来的"互联网+"的浪潮，数字图书馆、移动图书馆带来了海量的信息，也丰富了人们获取、交流、传播信息的渠道，使得人们对信息的选择与利用更加困难，这就需要人们具有更好的信息素养。

二、"互联网+"的特征

"互联网+"不仅仅体现在管理与服务上的"+"，更是信息素养教育理念、思维、模式与创新上的"+"，而"以用户为中心"推动图书馆信息素养教育的创新则是其中最为重要的内容。由此可知图书馆"互联网+"的应具有的特征：

（一）跨界的有机融合

"+"就是跨界，图书馆学本身就是一门综合性的应用型学科，敢于跨界了，创新的基础就更坚实，因此，图书馆理应走在"互联网+"理论与应用研究的前列。"互联网+"本身是开放的，图书馆又是学科、专业、行业和领域交叉现象最频繁的学科之一，跨学科、跨专业、跨领域的开放、创新、协同、变革、融合就一直伴随在图书馆学学科建设进程中。信息素养教育是图书馆创新服务的一种，信息素养教育与互联网跨界融合，即踏上了"互联网+信息素养教育"征程。

（二）驱动创新

十八届五中全会通过的《中共中央关于制定国民经济和社会发展第十三个五年规划的建议》提到，"拓展网络经济空间，实施'互联网+'行动计划，发展物联网技术和应用，发展分享经济，促进互联网和经济社会融合发展。推进产业组织、商业模式、供应链、物流链创新，支持基于互联网的各类创新。"同样，十九届五中全会制定的《中共中央关于制定国民经济和社会发展第十四个五年规划和二〇三五年远景目标的建议》也强调了"坚持创新驱动发展""坚持创新在我国现代化建设全局中的核心地位"。在这样的大环境下，国内图书馆传统的粗放式资源驱动型服务模式将会遭遇空前的发展瓶颈，必须打破传统图书馆管理、服务模式，转变到创新发展这条路上来。这正是"互联网+"的本质，用所谓的互联网思维来求变、自我革命，也更能发挥创新的力量。

（三）结构的重新锻造

互联网的快速发展，把物理世界中的各种实体、虚拟物质都被赋予数字化、信息化、网络化的附加标签，从而使得原有的社会结构、经济结构、文化结构、地缘结构、关系结构被重新锻造。互联网同样改变着图书馆业务结构、关系结构、文化结构，使得图书馆与读者的固有身份也发生着转变。读者与图书馆身份自由转换的同时，可以形成互助关系，从而图书馆的管理与服务、创新、内容传播都可以使读者参与到其中。

（四）加强读者参与，尊重读者需求

图书馆若要想进行长远的发展，插上互联网的翅膀，就必须获得读者的支持，重视并加强读者的参与，尊重读者多样化、个性化需求，让读者在图书馆"互联网+"体系中自愿、善于、乐于、能够创新，从而让图书馆管理与服务的"每一个细胞都动起来"，以打造"互联网+"时代的读者参与空间，构建图书馆创新服务的新引擎。

（五）开放的生态体系

图书馆"互联网+"不仅仅体现在管理与服务技术上的"+"，更是知识服务理念、思维、模式与创新上的"+"，各个学科、专业和领域的有机结合，所以要建立开放的知识服务生态体系，把过去制约图书馆创新的环节去除，把行业、领域的孤岛式创新连接起来,从而对图书馆行业、领域内部生态进行优化,做好图书馆与外部生态体系的无缝衔接与有机融合。开放的生态体系,对于图书馆"互联网+"而言,是非常重要的特征,推进图书馆"互联网+"的建设与发展,建立以人为本,以需求为基础的开放的大数据知识服务生态系统是符合图书馆发展的要求。

（六）连接一切

连接一切是"互联网+"的目标。在"互联网+"时代,图书馆、读者以及两者之间需要连接,跨学科、专业、行业与领域需要连接,彼此之间的有机融合需要连接,图书馆管理与服务创新需要连接,连接是有层次的,连接的方式、质量、效果、规模和模式是有差异的,跟一些要素（如信息技术、服务场景、参与者）有关。

三、"互联网+"对图书馆的影响

"互联网+图书馆"的第一目标就是实现从传统图书馆向全媒体复合型图书馆转型。互联网可以让传统阅读服务更便捷、数字阅读体验更美好;互联网还可以让图书馆的读者自由地选择最适合自己的资源和方式。"互联网+"当然首先可以让数字阅读无所不在,但是充分发挥互联网技术和思维更可以提升图书馆的管理和服务、改善纸质阅读服务体验,那么"互联网+图书馆"就有了移动图书馆,每个读者都可以用移动图书馆APP可以找到需要的图书、期刊、会议、课件甚至视频。然而传统图书馆业界人士在面对移动图书馆、数字资源库这类即时APP诞生时简直如临大敌,因为纸质图书、期刊、报纸等收入大幅下滑,但随着互联网的发展,来自电子版业务的收入已经大大超过纸质收入的下滑,可以看出,互联网的出现并没有彻底颠覆图书馆行业,反而是促进了传统图书馆进行相关业务的变革升级。

移动图书馆的互联网模式还大大提高了读者查阅资料的效率:读者任何地点、任何时间都可以查阅资料,不受时间、地点、空间等约束,效率大大提高;通过网络化、程序化设计和计算机快速、自动化等处理,大大提高了图书馆资料处理的效率。互联网已经走进图书馆,互联网超越时空的限制,突破到馆服务的限制,将图书馆服务延伸到网上的无限空间,带给图书馆将是无限的创新。

在移动图书馆、在线预约平台等领域,过去这几年都可以看到图书馆和互联网的结合,正如马化腾所言,"互联网+是对传统行业的升级换代,不是颠覆掉传统行业。"在其中，又可以看到"特别是移动互联网对原有的传统行业起到了很大的升级换代的作用。"同样看到，"互联网＋"是对传统图书馆的升级换代，对传统纸质书、期刊、报纸的升级换代。第一代图书馆以馆藏为核心，第二代图书馆以数字资源为核心，丰富海量的资源，使读者必须提升自己的信息素养水平，才能找到自己所需的资源，信息素养已经成为"互联网＋"时代人们必备的技能。

四、基于"互联网＋"的高职院校信息素养教育策略

（一）建设专业的馆员队伍，营造良好信息素养教育环境

随着互联网移动服务发展，获取信息非常方便，但是如何获取真正有用的信息相对困难，因为大量的资源都已经联网，计算机检索相关的信息会全部列出，检索的结果庞大而又复杂，找到读者真正需要的就困难了。而如果有了一支具备一流专业能力、先进技术、态度友好的专业馆员队伍，不仅能准确地对读者问题进行解答并且能指导读者运用多种检索方法找到读者真正所需文献，对读者进行信息素养教育，教会读者怎么进行检索信息、利用信息、分析和评价信息，提高读者的信息素养能力，营造良好的信息素养教育环境，为图书馆顺利开展信息素养教育奠定基础。建设一支信息素养能力过硬的馆员队伍，在"互联网＋"时代下，不仅可以方便馆员可以随时随地服务于读者，提升读者的信息素养水平，而且能够增强馆员对自身信息素养的重视程度，有利于图书馆信息素养教育的进一步发展。

（二）O2O 模式开展信息素养教育

在"互联网＋"的时代，充分利用"互联网＋"的思维，图书馆可以模仿电商 B2B、B2C 等模式建立线上信息素养教育平台，创新教育的形式、增强信息素养教育的效果。例如将新生入馆教育进行在线培训，采用微视频、答题闯关、在线游戏等新的方式对新生进行全方位的图书馆资源介绍；通过依托超星学习通平台建设《信息检索与利用》课程的在线教学资源，满足师生随时随地不受时空的限制、利用碎片化的时间学习提高信息素养；举办各种线上信息素养比赛，以赛促教、以赛促学。通过比赛让学生体会到学习信息素养课程既能学到信息检索的知识、检索技能、检索技巧，还能有益于今后各科学习、生活、工作。将信息素养教育的外延扩展到生活、工作、学习等各个方面，教育内容选择的范围更为广泛，更贴近实际，更具有操作性，更

贴近实战。

(三) 细化读者需求，增强信息素养教育效率

在"互联网+"时代，数字化的建设，使图书馆除了每天接待进馆的读者，办理借阅信息外，随时随地不受时间空间限制的数字化的资源的信息，是不可缺少的信息。在"互联网+"时代，读者的各类信息，不仅只包括年龄、职业、学历等影响读者阅读习惯的因素，还有如查阅数字资源库、浏览网页、搜索信息等，都可以被采集并细化，可以细化到一篇文章、一个词、在某一网页的停留时间等。图书馆馆员只需要通过后台管理就可以统计资源的使用情况，加以利用并分析判断就可以知道哪类资源是读者喜爱的，哪类资源是闲置的，而且还可以按读者近期关注、社会背景等条件分析一段时间内哪类资源更受读者欢迎，哪类资源阅读量不高。借助分析的结果，可以分层次、分阶段、持续性地为读者提供信息素养教育内容；还可以通过不同方式，如通过数据库APP、微博、微信、图书馆公众号等新媒体进行多元化的推送信息素养知识，增强信息素养教育的效率。

(四) 加强数字资源建设，为信息素养教育提供保障

随着数字化、网络化的出现，增加图书馆数字化资料藏量，无疑是各个图书馆的重中之重。在"互联网+"时代，读者一要远程查阅资料，二要满足读者在不同终端的使用，如PC机、iPad或智能手机，所以只有数字资源能满足读者不受时间地点不同设备限制的需求。通过对读者的各类行为数据的采集、提取并深度分析，将其汇集到数据库，即可对读者注册的学历、年龄、爱好、近期关注信息等条件进行细分，为读者提供前言、便捷、个性化的信息咨询和检索服务。通过提供的优良、周到的多元化、个性化信息服务，可以更精准地为读者提供信息素养教育。例如数字资源讲座、中国知网专题培训等，为读者信息素养培养提供巨大支持。另外对各个资源库每个月进行统计分析，以此来预测读者对各个库的需求变化趋势，进而为图书馆资源建设的调整、资源整合、信息素养教育模式的调整提供依据。

第二节　MOOC 环境下高职院校信息素养教育策略

大规模开放在线课程（Massive Open Online Course，MOOC）是一种 online 在线课程，具有免费和 open 开放注册、course 课程共享及开放式输出的特点，它将社交网络和可利用的在线众多微课程整合在一起，成百上千，甚至数以万计 Massive 大规模的学习者通过网络可以自行选择感兴趣的课程，自主安排学习，没有时间和空间的限制。

自 2012 年以来，MOOC 引起了全球广泛关注。作为一种新型教育模式，它的出现和发展打破了传统的教育模式与教学方式，使高等教育受到冲击与挑战。2016 年《地平线报告》高等教育版所揭示的高等教育六大挑战，其中就有教育模式的竞争、个性化学习。高职图书馆作为高职院校的文献资源信息服务中心，如何顺应这个新潮，改变信息素养教育模式，将成为当前图书馆界关注的热点。根据中国互联网络信息中心（CNNIC）发布的第 52 次《中国互联网络发展状况统计报告》，截至 2023 年 6 月，我国网络视频用户规模达到 10.44 亿人，短视频用户达到 10.26 亿人，用户使用率分别为 96.8% 和 95.2%。随着网络用户规模的增长，越来越多的高职图书馆也开始通过使用微信公众号、数据库 APP 等方式来进行信息素养教育。MOOC 平台整合了众多的信息素养课程，图书馆正好用微信公众号、APP 等这种不受 IP 限制的方式，只需关联一下就可以随时随地学习，非常方便、便捷，适应当下碎片化的学习环境。

一、MOOC 发展及研究现状

MOOC 这一概念出现于 2008 年，由加拿大学者 Dave Cormier 和 Bryan Alexander 提出。随后逐步得到全球广泛关注和飞速发展，2012 年被称为世界的"MOOC 元年"，在这一年，MOOC 领域出现了知名的 Udacity、Coursera、Edx 平台，它们被并称为网络在线教育的"三驾马车"。作为一种新型教育模式，MOOC 首先在美国著名高职兴起，随后风靡全球，它的信念是"将世界上最优质的教育资源，送到地球最偏远的角落"。

简单地说，MOOC 就是让全球各地的高校将他们的课程放到网络平台上，供全世界的人们免费学习。从此，你可以足不出户听常青藤名校课程，一睹世界知名教授的授课风采，与来自全球各地的学习者做同学，甚至还可以获得名校认证证书。2013年可谓是中国的"MOOC元年"。2013年1月，香港中文大学加入Coursera平台；同年4月，香港科技大学也加入该平台；同年5月，北京大学、清华大学、香港大学等6所亚洲大学宣布加入Edx平台；同年7月，复旦大学、上海交大也加入了Coursera；同年9月23日，北大开设的4门慕课课程，通过Edx平台正式对全球用户开课；同年10月，清华大学发布了一个全球基于Edx开源代码的中文MOOC平台"学堂在线"；2014年4月，上海交通大学创办了"好大学在线"MOOC平台；清华大学、北京大学、浙江大学、西安交通大学、同济大学、中国科学技术大学等在内的12所国内知名高校组建了在线课程共享联盟。另外，国内果壳网旗下的MOOC学院是全球最大的中文MOOC学习平台，收录了来自国内外超过50个MOOC平台的数千门课程，学习者可以在MOOC学院按照语言、内容、开课平台和开课学校筛选课程，或者直接搜索感兴趣的主题，参考其他学习者的点评、笔记和讨论，选择自己最想上的课程。国内的慕课还出现了教育部、财政部支持建设的中国高等教育课程资源共享平台"爱课程"网中国大学MOOC，中国大学MOOC由高等教育出版社和网易公司于2014年5月8日合作推出。目前，中国大学MOOC已与800多所高水平大学合作，在移动互联领域，中国大学MOOC移动客户端一直居于APP Store精选教育类APP前列，下载量突破420万。响应学习者需求开发的在线测试功能，可帮助学习者在移动端完成学习、讨论和考试的完整学习过程，进一步提升了学生的在线学习体验。作为高校的教育资源重要保障机构，图书馆界也越来越重视对MOOC的研究发展。由教育部高等学校图书情报工作指导委员会、教育部高等学校图书馆学教学指导委员会、"爱课程"网联合发起的图书馆（学）在线课程联盟于2016年3月15日正式成立。联盟最终确定了首批18门在线开放课程选题，建成的首批在线开放课程在联盟网站陆续上线。可见，中国高等教育迎来了MOOC时代，走上"高职主体、政府支持、社会参与"的中国特色良性发展时期，MOOC也给高职信息素养教育的发展带来了机遇与挑战。为了解信息素养MOOC课程，主要集中在清华大学"学堂在线"、高等教育课程资源共享平台爱课程网开发的"中国大学MOOC"两大平台，去重后，共开设了38门相关课程，有8门国家级精品课程，高职院校开设有3门相关课程，实现了信息素养教育在线开放、大规模自主学习的场景。

二、MOOC 教育模式

MOOC 教育模式是基于网络的开放式资源获取在线课程，可以进行大规模的交互参与活动。MOOC 提供免费共享优质教学内容，不仅开放教师授课视频，还为学习者提供学习阅读与辅导在内的一套优质教育资源。任何有学习愿望或者有学习能力的人都可以注册，并且通常 MOOC 学习都是免费的，MOOC 还不设置任何学习门槛，不分国别、种族、身份、地位、教育背景等。静寰教授认为，只要具备基本的上网条件，鼠标轻点，不管身在何处都能轻易地学习一流大学和教师的课程；网络连通，不论阶层、肤色、各个人种都可以和世界各地的同行交流。MOOC 学习不受时间和空间限制，学习者利用移动学习终端在任何时间和任何地点均可参与课程学习，摆脱传统物理教室的时空限制。学习者可以自己决定上课时间与进度，充分利用碎片化时间、空闲时间，在任何地点进行学习。MOOC 无门槛要求，学习形式是开放的，学习更自由，学习者自选学习内容和自定学习步调；学习者根据学习兴趣和学习需要选修课程和确定课程学习的路径，根据自己的知识基础自定课程学习的步骤。MOOC 是由众多的"微课"组成，"微课"大都以 Video 形式呈现，每段视频基本控制在 10 分钟左右，这样简短易懂，便于利用闲暇时间开展碎片化学习。

三、MOOC 对高职院校信息素养教育的影响

MOOC 教育模式不仅给高等教育带来了机遇与挑战，也给提供文献信息资源服务的高职图书馆带来了很大的影响，尤其是对传统图书馆的教育理念、教育方式带来了巨大的改变。随着注册学习 MOOC 的学习者越来越多，利用 MOOC 移动客户端完成的人数也越来越多，就需要以用户为中心逐步扩大，使高职图书馆的服务理念逐步改变，逐渐由以资源为中心向以服务为中心的服务理念过渡，并根据不同用户的需求，采用不同的服务策略，提供个性化的环境，满足 MOOC 学习者获取知识的需求。MOOC 是互联网时代的产物，学习形式是开放、自由的，不管任何人都可以利用网络在任何时间和任何地点来获取学习资源，不仅可以选择学习的课程内容，而且可以选择自己喜欢的方式进行学习。这对高职图书馆个性化服务提出了更高的要求，不仅改变了传统封闭的被动的服务模式向着开放的主动的服务模式发展，而且还要根据高职图书馆自身的发展优势，提供多样性的服务。随着 MOOC 的兴起与发展，高职图书馆信息检索课也不得不面临着改革，传统的板书教学已经

不适合，MOOC 的出现正好为信息检索课提供了一个很好的网络平台。高职图书馆要想信息素养 MOOC 在图书馆服务中发展，就要提供系统的信息素养 MOOC 资源，将特色馆藏和学科专长制作成 MOOC 微课，这样促使高职图书馆资源建设方向逐步朝着以用户为中心发展，另外信息素养教育 MOOC 课程目标、课程对象、课程方式以及课程领域都要随之改变。作为可能颠覆高等教育的新技术，高职图书馆应当密切关注，就像张晓林馆长在其《颠覆数字图书馆的大趋势》的文章中所说：图书馆应该用开放和积极的心态去发现破坏性技术，主动利用这些技术去发展新的教育、创造新的价值、开辟新的市场，从自我循环自我发展到开放创新、转型发展，从而"驾驭"颠覆性趋势。

四、MOOC 环境下高职院校信息素养教育策略

随着互联网技术的飞速发展，MOOC 的产生在教育领域引发了深刻的变革，为信息素养教育提供了新的拓展空间。MOOC 是以互联网为平台，以开放、共享为理念的新型在线课程，是新的教学模式和学习方式，课程资源丰富，学习时间、空间灵活，实现了全球优质教育资源的共享。MOOC 的产生，不仅是教育技术的革新，更是教育观念的更新，它对教育领域产生了深远的影响。在 MOOC 的影响下，高职院校图书馆应该积极探索新的教育模式，提供丰富的信息素养教育资源，并加强与其他教育机构的合作，以满足学生的需求，提高学生的信息素养水平。在 MOOC 的环境下，高职院校图书馆可以采取以下几种创新策略来进行信息素养教育。

（一）为 MOOC 学习者提供个性化的信息素养教育内容

MOOC 平台实时记录并保存学习者在课程学习活动中的学习行为，根据学习者的个人档案和学习行为，图书馆就要精确把握学习者的需求，整理学习者的个人档案，分析学习行为，及时了解学习者需要学习哪些内容，切实解决学习者的实际问题。在互联网信息时代，学习者对信息传播要求具有及时性，希望自己关注的信息能第一时间看到，希望能获得关于学习或工作的第一手参考资料。只有根据学习者需求做到精准服务，提供更加便捷、个性化的教育，才能提高服务质量。尽管 MOOC 平台提供丰富的学习路径和进度跟踪工具，学生可以根据自己的学习进度、兴趣和需求选择合适的课程和学习内容，但高职院校图书馆还可以与 MOOC 学习者直接交流，提供建议和指导，如及时互动回答学习者在课程相关的学习方法、信息检索、资源和技术利用等方面的问题，从而实现个性化学习。这种个性化的学习方式有助于学

生更有效地掌握信息素养相关知识和技能。

（二）对信息素养 MOOC 资源进行宣传推广

顺应 MOOC 发展的新潮，各个机构和高职院校会持续地制作 MOOC 微课，高职图书馆信息素养 MOOC 建设就必须大力宣传推广 MOOC 的定义与作用、MOOC 的发展现状与主要平台、MOOC 课程的选择及相关学习资源，提高认可度，扩大影响力，让更多的师生和社会人士成为信息素养 MOOC 内容的提供者和学习者。因此，高职图书馆可以充分利用自身的资源和技术优势，将近期热门课程、评分最高的课程、即将开始或时间自主的 MOOC 课程、MOOC 实用方式、学习交流平台等，以开展形式多样微活动，制作简单易懂的微视频、微动画等形式，借助现下较为盛行的微平台、官方网站、官方微博、微信公众号等渠道，大力宣传推广出去。此外，还可以通过社交媒体平台，如 B 站、抖音等有着广大受众的视频网站平台，宣传新上线的信息素养 MOOC 课程、推广评分最高的课程，并发布新 MOOC 课程意见征询、研讨互动等教育活动内容，提高 MOOC 课程的知名度和影响力。总之，高职图书馆在信息素养 MOOC 课程的宣传和推广方面具有重要的作用。通过积极参与和合作，高职图书馆可以为信息素养 MOOC 课程的发展做出贡献，提高自身的影响力和竞争力。

（三）将信息素养课程制作 MOOC

MOOC 是一种课程，是由众多的"微课"组成，时长控制在 10 分钟左右，这样简短易懂，便于利用闲暇时间开展碎片化学习。高职图书馆应紧紧抓住这次机遇，将大学生的信息素养教育课程制作成 MOOC，将特色馆藏和学科专长制作成学术 MOOC，将师生利用率高的数据库使用操作指南制作成简单易懂的 MOOC，充分利用移动终端开展信息素养教育，将这些 MOOC 嵌入到图书馆微信公众号等主流大学生社交网络平台中，使大学生能够充分利用碎片化时间学习，不仅提升信息检索课的教学质量，增强课堂的趣味性和互动性，还宣传了馆藏资源。图书馆还可以利用馆里的资源和技术优势，将现有的 MOOC 平台、将要加入的 MOOC 课程、MOOC 实用方法、学习交流心得等等，制作成形式多样、简单易懂的微课、微动画等，集成到现下受到用户热烈欢迎使用的移动图书馆学习通中，学习通满足用户利用碎片化时间且不受时间和空间限制的全天候学习。

（四）为学习制作 MOOC 课程者提供环境

虽然信息素养 MOOC 是网络课程，依托计算机网络随时随地都可以学习，但高职学生更注重学习氛围、学习环境。而作为拥有丰富的信息资源和良好学习空间的高职图书馆，有着丰富的"即搜即得"数字资源，有着特色的专题数据库，有着现代化的网络设备，Wi-Fi 全面覆盖，有着舒适优雅冬暖夏凉的学习空间、研讨室，相对于 MOOC 没有围墙的大型网络学习环境，图书馆则可以为学习者们提供一个线下学习的"环境"，为 MOOC 制作者们提供一个线下制作的"环境"。例如，在图书馆网站上开辟 MOOC 学习专栏，提供各种 MOOC 资源、导航及通知；有条件的图书馆还可以时刻关注国际最新 MOOC 动态，翻译最新会议内容，在网站上传递 MOOC 最新理念和发展态势。除了网站上开辟空间外，图书馆还可以创建论坛、图书馆微博、微信、图书馆留言板、馆员博客等；由图书馆发起或者学习者自主发起 MOOC 主题讨论，以这种"短、小、精"的微信息进行学习资源交换、心得体会交流、师生之间的互动、生生之间的互动，符合微时代人们的交流互动习惯。拥有优良的网络基础设施、先进的服务技术手段、浓厚的学习氛围的图书馆，理应为信息素养 MOOC 学习者提供拥有良好的软硬件设施的物理学习环境；为使用智能手机、平板电脑的移动设备的学习者提供无线覆盖的环境；为教师们提供用于制作 MOOC 的试听设备、用于编辑原始素材的软件和计算机、用于录制 MOOC 课程的环境。这样才有利于图书馆打破传统的被动服务，发挥主观主动服务，拓展服务职能。

MOOC 是互联网时代的产物，作为一种新型教育模式的出现和发展，使高等教育受到了前所未有的冲击，也给高职图书馆带来了新的发展契机。面对 MOOC 带来的冲击，高职图书馆作为一个为教学科研服务和信息导航的重要辅助机构，更要积极面对，主动参与，向 MOOC 学习者推送符合学习者认知需求的、个性化的教育内容；大力宣传推广 MOOC，让更多的师生和社会人士成为 MOOC 教育内容的提供者和学习者；开设 MOOC 信息素养课程，将这些微课嵌入到图书馆微信公众号等网络平台中，利用移动终端开展 MOOC 微课学习；利用图书馆优越的阅读空间和良好的软硬件设施，为学习者们提供一个个线下学习的"环境"，为制作 MOOC 的教师们提供一个个线下制作的"环境"。在 MOOC 的发展浪潮中，高职图书馆以开放链接一切的心态、多样化的渠道、活泼的形式改善教育理念和教育模式、提供更加便捷、个性化的服务，打破时间和空间的限制，实现了全天候的信息素养教育。

第三节　新媒体环境下高职院校信息素养教育策略

随着社会科技的发展，互联网＋时代的到来，各行各业都进入了互联网的快速发展时期，高职图书馆也不例外。凭借"互联网＋"，越来越多的高职图书馆通过新媒体进行信息素养教育。手机、iPad等智能移动终端的不断涌现，使每一个网络用户都成为信息的接受者，同时也成为信息的教育者，让人人都成为记者，享受微文化、微内容。在传统的教育中，用户只能被动地接受信息，但他们希望能够自主决定信息的接受、教育，能够表达自己的声音、自由交流。信息素养教育建立在互联网平等、去中心化和自由化的基础上，为用户提供了自由交流谈论的平台，积极参与到网络信息的发布、转发、评论中，在这一过程中，越来越多的用户成了网络控、手机控、微博控、微信控等。各种形式的"微文化"、各种"微内容"的教育符合当前快餐式文化发展的步调，符合了时下追求时尚、追逐个性的潮流，而且还迎合了人们彰显本我、表达个性的时代特色。无疑实体图书馆和图书馆网站的被动式服务已不能满足当前高职读者的需求。在碎片化、个性化、快捷化的社会中，高职读者也越来越关注个体的"微内容"，微教育这些互联网平台的使用无疑能更好地拓展图书馆的信息素养教育模式，成为图书馆与读者之间的桥梁。

一、新媒体在高职信息素养教育的应用

随着移动终端设备的广泛应用和无线网络条件的改善，即时通信工具也在图书馆中快速发展。从最早的短信、飞信平台、WAP网页浏览，到Web2.0时代的博客、社交网站，再到基于社交网络的微博、基于即时通信工具的微信，图书馆也在不断适应新技术的发展，更新换代，探索新的教育模式。有着庞大用户基数、成熟应用软件、灵活互动方式的微博与微信，目前逐渐成为图书馆最主要的教育途径。

微博与微信这种以微型即时工具为渠道、以裂变的方式进行信息多级化、碎片化的微教育途径充分受到图书馆界认可，但也存在功能定位、推送方式、互动教育、使用环境等方面的差异。目前，无论是微博还是微信这些新媒介，都已成为人们交流和获取信息的重要渠道，成为宣传资源与教育、增强读者沟通、塑造组织形象的新代言者。

微博与微信在高职图书馆的应用中，从发布的信息内容上比较，相差无

几，都涵盖了讲座公告、试用资源通知、图书资源推荐、图书馆展览宣传等内容，不仅起到了营销图书馆资源与教育的功能，还分享了知识，帮助读者提升了信息素养能力。从特点看两者都有各自的优势和不足，"基因决定一切，微博是弱连接，微信是强连接。强连接引发行为，弱连接传递信息。"因此，从本质上看，图书馆应该利用微博多做信息素养宣传教育，因为微博的媒体性强；应利用微信多做服务教育，因为微信的私密性强。高职图书馆在应用微博和微信这些新媒介进行信息素养教育时，还应该把握其方便、快捷等的共性原则，吸引更多读者，逐步形成自身的微教育特色。

微博、微信在互动沟通方面存在较大区别。微博推送追求实时效果，每条信息限制在140字以内，显示全文，发布内容及评论面向所有用户公开，即使没有关注也能看到，开放程度相对较高，互动性、时效性强，满足了人们碎片化时间上网沟通需求。在微博中，图书馆、读者、未关注读者之间可以通过评论、"@"或"私信"进行互动。此外，微博还可以设置微话题，热点微话题的微博被不断转发后，呈病毒式教育，短时间内，广扩散，非常适合用来组织一些线上线下结合的主题教育活动，进行活动前期的需求调查、过程中的宣传和组织、后期的评价与反馈，促进图书馆与读者、读者间的多维、立体互动效果。而微信明确定位为即时通信工具，一般使用手机号或QQ号注册，主要关注与用户相关现实生活中的人，且注重保护隐私，互相关注后才可以进行互动。用户在使用微信互动时更多是一对一的封闭式交流，不对其他用户开放。图书馆运营微信时，主要利用微信成熟的平台、多样化的功能，借助其在网络占有率、使用率上的优势，将用户群体细化分类，根据不同层次的需求，提供更加有针对性的信息素养教育。

二、新媒体下信息素养微教育的特点

微信微博等当下最流行的新媒体微教育看似微而不微，突出的是一个"微"字，教育者和受众者没有身份高低之分，没有学识高下之分，没有距离远近之别，更无关背景后台，最普通的网络用户就可以作为信息的制作者与教育者参与到各种信息的教育过程中来。微教育是微小的群体之间对微小信息的传递，是一种更自主、更简单、更快捷、互动性交流性更强的新型信息教育，有着以下几个特点。

（一）微内容——信息简洁、简短、精确、互动性强

"互联网+"时代，带给读者更多的是碎片化、个性化、快捷化的生活方

式，庞大的信息量让我们应接不暇，很少有人再去打开一个网页耐心地从头到尾读完，更多的是粗略浏览，甚至只看标题，连内容都"懒得"点击进去看。微时代悄然来临，它正与信息呈现碎片化、读者短暂闲散时间这一现实相契合。微教育途径，无论是微博、微信还是微电影、微小说、微活动，其所呈现出来的内容短小而精悍，但却不失完整性。相对于传统的教育信息，微内容即时性、互动性、视觉性比较强，更容易获得读者的关注，而且用短小精悍的内容更加关注信息核心内容的表达与传递，简短明了，主次分明。微内容微到发送一句话、一个文本、一张图片就可以表达自己心情。

（二）微终端——便利、即时

微教育的另一个特点就是用来进行信息素养教育的工具更微小。无线网络的发展，各种移动终端被越来越多的读者所使用，据第 52 次《中国互联网络发展状况统计报告》，我国网民规模达 10.79 亿人，即时通信用户使用率 97.1%。台式电脑、笔记本电脑的使用率均出现下降，手机不断挤占其他个人上网设备的使用，手机作为网民主要上网终端的趋势进一步明显。读者随时随地不受空间限制只要在自己的移动终端上（手机、iPad 等）下载微博、微信等软件就可以随时随地查看、更新自己感兴趣的内容，关注实事，便利、及时发布分享内容可以是自己身边发生的趣事，朋友圈发布的趣事。

（三）微动作——简单、便捷

作为微教育的两大主要平台微博、微信平台，通过无线网络，智能终端的使用，简单的手机或者电脑按键操作、鼠标点击就能完成信息的发布、浏览、转载；用户动作也变得更轻微了，轻轻一按分享发布完成。

（四）微受众——小众、细化

微教育主要是在众多"小人物"之间以微小的行动在"非官方主流"媒体间进行教育，其转发还是评论都是基于读者自己的想法。在新媒体时代，受众都趋向于一种个性化的信息接收方式并且不同的受众也有不同的需求，所以不像以前"大众"的概念那样统一灌输信息，不分类别地教育知识。现在从新媒体微教育的特性出发给受众重新定义，即类别细分化、需求个性化的"小众"型教育对象。他们有了细分化与小众化特征，在寻求信息上面显示出多样与个性，进行"自媒体"式教育、分享、评论等。

微教育是向特定用户进行一对一信息的教育方式，是受众明确、需求清晰、有较强针对性的精确教育方式。与传统教育相比较，其教育内容更精确、简短，教育方式更简单、便捷，教育渠道更精细，教育对象更精准，其本质是以互联网为基础的口碑品牌教育，其最大的优点就是可以直接面对对象。

三、基于新媒体的高职院校信息素养微教育策略

（一）开展"微话题"寻找"小而美"

从小处着手，变单向、宏大、严肃的传统方式为多点开花、随时随地、形式多样的教育。例如，针对高职图书馆资源教育，细致入微的娓娓道来要比"高大上"的宏大叙事更有感染力。"微分享""微诗文选""微阅读""微提示""微书评""热门检索""微搜藏""微扩散""微奇闻""微视频""微课"等微话题，以更小的篇幅、更细化的兴趣、更及时的分享、更高效的链接、更热点的"微内容"迅速展开教育，这正与信息呈现碎片化、读者短暂闲散时间个性化、社会发展快捷化这一现实相契合，教育生命力会更长。

（二）激发读者成为信息"搬运工"

随着新媒体时代的来临，越来越多的用户成为网络控、手机控、微博控、微信控，每隔几分钟就会忍不住刷新微信朋友圈，刷微博，刷存在感和曝光度。如果把信息比作花蜜，这群人就是"搬运"信息的蜜蜂，"争先恐后"为获取和分享信息而"奔波忙碌"。高职图书馆应转变"信息喂养者"角色，提供容易展览拍照、能共享行为体验，提供便于朋友圈互相共享的内容，提供能激发读者创意的机会，激发读者参与激情。最近，不少图书馆制作"微电影""微视频""微课"就是一个例子。制作成本"小"、教育分享"易"、受众定位"准"、品牌植入"便"，成为人人都可参与和分享"草根达人"。

（三）全方位宣传不忘带上粉丝团

新媒体时代高职图书馆要通过微教育各种手段加强营销，增加粉丝关注数量。图书馆不再单纯向读者灌输信息和单方面提高品牌资源质量，将粉丝和意见领袖请进门参与互动，深度相关、深入的互动，增加参与度满足。微平台运营团队还要走出图书馆，通过院系推送、微教育讲座、新生入馆教育、经典诵读、二维码海报宣传等微活动，并且图书馆还为读者提供免费、优质的Wi-Fi，让读者随时随地关注即可成为粉丝。另外，高职图书馆要想吸引更多的粉丝，发布的信息还要一定能吸引读者的眼球，只有"有意思""有

价值""有趣味"的内容才能聚集更多的粉丝来关注,同时还要加强与读者的互动,通过转发和评论读者发布的信息,让读者感觉到自己也是被关注的,这样才能聚集更多的粉丝,从而助力高职院校信息素养教育。

(四)细化读者,精准教育

在新媒体时代,信息爆炸式的增长和海量数据的产生,造就了"内容为王"的时代。微教育的特点具有多种发布渠道,其教育方式更简单、更便捷,而且"低门槛、亲民化",所以基于新媒体的微教育需要细分受众,从模糊教育向"个性化定制"的精准教育转变。高职图书馆就要精确把握读者的需求,征集读者的意见、建议,及时了解读者需要获取哪些内容、实现哪些功能,切实解决读者的实际问题,只有根据读者需求、读者群体特点准确定位、做到精准教育,提供更加便捷、个性化的教育内容,才能提高粉丝数、读者关注度,才能留住读者。精准教育对内容还要进行栏目分类,安排专人负责编辑信息,编辑人要具有一定的媒体素养,要了解网络语言、微教育的特点,微博撰写140字的精短、风趣的文字,微信撰写600字精致文章,微博随意些,微信要正式精致些,了解了这些,编辑精致的文字,打造知识盛宴。

(五)融合线上线下活动,多方位营销教育

高职图书馆微教育服务需要创新互动形式、增加互动内容,才能吸引读者、留住读者。作为微教育的主要使用工具,微博、微信、微电影、微小说、微活动等都是各具特色,微信的私密性好,可以充分利用微信的语音传送、以分享为目的的群聊、朋友圈等功能,发展新的教育项目,可以实现一对多的培训、互助学习等教育活动;而微博的教育范围更广,微博直播,应发挥其"快媒体"优势,进行碎片化、滚动式和补充式发布,可以做些意见征询、互动服务、活动发起等教育;微电影更加适合做图书馆品牌植入,而微活动却更有参与性。图书馆在进行微教育的过程中,可以多种媒介相结合,线上宣传营销如"趣味有奖竞猜、转发赢红包"等线上活动、与线下体验活动如"激动时刻、好书展入场券"相结合,再如北大图书馆的"佳片有约"和"光影图书馆"等活动,其中有一些珍贵的照片记录了一代人的青春,更吸引读者眼球的是其内容的趣味性,因此受到了颇多的关注;图书馆多方位营销教育,才能形成焦点,引起关注达到互动高潮。

无论时代如何变化、无论技术如何发展,在新媒体环境下,高职院校要善于运用新媒体的特点去开展"微教育话题"寻找"小而美"的内容,拉近图书馆与读者的距离，激发读者成为信息"搬运工"，大大提升读者对高职图书馆的认同感、亲切感，全方位宣传不忘带上粉丝团，塑造新媒体时代下高职图书馆与时俱进、争先创优、充满人性化和人文底蕴的信息素养教育形式，树立良好的信息素养品牌形象。

第七章 数智时代高职院校信息素养教育路径探索

第一节 数字校园下高职院校信息素养教育培养路径

随着新一代信息技术的不断发展，以物联网为基础的数字校园、智慧城市、智慧图书馆建设也逐渐成为关注的焦点，并逐步实施。图书馆肩负着高校教育、信息素养教育的重任，为高校读者提供优质高效的文献信息资源保障，是高校知识文化的重要组成部分。建设智慧图书馆，开展个性化服务，提供私人定制业务，同时为师生信息素养的提升提供支持和服务，是高校图书馆未来重要的发展方向。借助数字校园的建设，依托物联网、大数据、云计算等先进技术，高职图书馆提升信息化网络基础设施建设，拓展服务功能，创新服务方式，目的是在数字校园背景下，图书馆由数字化、网络化、智能化向未来智慧化发展为培养师生信息素养教育提供良好的培养路径。

一、数字校园

数字校园是以物联网为基础，融合了大数据、云计算、移动互联网、智能设备等新一代信息技术，提供无缝互通互联的智慧化的校园管理、教学、学习和生活一体化环境，这个一体化环境，最终实现对校园人、物和环境的统一可视化管理及提供人性化服务平台。数字校园为广大师生提供一个全面的智能感知环境和综合信息服务平台，综合优化学校各部门业务流程，融合优化现有资源，消除信息孤岛，实现数据随时随享。在数字校园环境下，基于计算机网络的信息服务融入学校的各个应用部门与服务领域，实现部门互联和协作，极大地方便了学校的教学、科研、管理及校园生活。与传统的校园相比，数字校园下，学生仅需用校园一卡通就可以查询、预定、借书、上网等，为学生的学习生活提供了极大的便利；同样教职工通过综合信息服务平台可以实现协同办公。为扎实推进教育信息化2.0行动计划，积极发展"互

联网 + 教育",推动信息技术与教育教学深度融合,提升高等学校信息化建设与应用水平,支撑教育高质量发展,2021 年 3 月 26 日教育部印发《高等学校数字校园建设规范(试行)》(以下简称《规范》),《规范》明确了高等学校数字校园建设的总体要求,提出要围绕立德树人根本任务,结合业务需求,充分利用信息技术特别是智能技术,实现高等学校在信息化条件下育人方式的创新性探索、网络安全的体系化建设、信息资源的智能化联通、校园环境的数字化改造、用户信息素养的适应性发展以及核心业务的数字化转型。《规范》的发布将会有很大一批职业院校加入到数字校园的建设当中,在新的教育理念的驱动下加之数字校园的蓬勃发展,对高职院校信息素养教育提出了新的要求。

二、智慧图书馆

伴随着数字校园的发展,以物联网为基础的新一代信息技术的广泛应用,智慧图书馆的建设也成为图书馆界关注的焦点。"智慧图书馆"最早被欧美一些国家的图书馆学者提出。例如,Aittola 等认为,"智慧图书馆是一个不受时空限制的、可被感知的移动图书馆,它可以随时随地一天 24 小时的帮助读者找到所需资料"。最近几年我国学者对智慧图书馆也开始研究,从智能计算角度来看,智慧图书馆 = 图书馆 + 物联网 + 云计算 + 智能化设备,其主要通过物联网来实现"以人为本"的智慧化的服务和管理。它建立在智能性基础上,其拥有数字化、网络化和智能化的外部特征,有着更加高效和便利的特点,是未来图书馆的新型发展模式。王世伟认为,在智能技术的支持下,智慧图书馆是一个能够实现书书相连、书人相连、人人相连、任何时间、任何地点、任何方式可用的图书馆。其以人为本、绿色发展、方便读者是它的灵魂与精髓,以绿色发展为战略、数字惠民为本质追求。因此,智慧图书馆的建设不光有技术层面的支持,它已经触及到了图书馆智慧化管理与服务的各个方面。借着数字校园的建设,图书馆的智慧化建设自然不能被忽视。

三、高职院校图书馆智慧化建设

学院图书馆系统是数字校园综合服务平台的一个功能模块、子系统,凭借着学院数字校园的建设,将图书馆的业务系统嵌入综合服务平台,消除了图书馆信息孤岛问题,提升了图书馆的智慧化能力。学院图书馆从传统纸质图书馆模式发展到了数字化图书馆,再升级到移动智能化,并最终向智慧化发展。

（一）嵌入校园综合服务平台

高职图书馆是高职院校数字校园平台下提供智慧服务的重要窗口，为全院师生的教学、科研、学习提供重要信息和文献资源。为了消除图书馆信息孤岛，图书馆业务网站嵌入综合服务平台，在高职院校的外网和内网上都增加相关链接，并与其他部门信息整合实现数据共享互联。借数字校园建设，图书馆网站也升级改造，不仅为读者提供大量的数字资源，图书馆开展的所有服务都在网站上可以快速方便地了解获知。为了方便教师科研资源的查询，提高教师的科研能力水平，网站升级时进行了资源整合、一站式获取，集成了超星发现检索平台；馆藏目录OPAC系统也嵌入到了网站平台，方便读者查询图书馆现有的藏书，并及时了解图书在架情况，OPAC系统里面的我的图书馆，可以为读者提供个性化信息定制服务；为了丰富馆藏资源，新的网站还嵌入了BALIS和E读学术搜索，提供馆际互借服务。图书馆专用的汇文系统，考虑到安全性，在部门使用时都是独立运行；同时，图书馆不仅构建了软件平台还构建了相应的硬件平台，有专门的数据库服务器机房，机房坐落于图书馆里面，方便管理与维护。

（二）网络基础设施升级，实现Wi-Fi全覆盖

教育信息化，职业教育改革，借助数字校园建设，高职院校加强了网络基础设施建设，实现了Wi-Fi全馆覆盖。读者在图书馆内Wi-Fi上网与一卡通对接，方便用户访问图书馆资源；无线的全覆盖，使图书馆资源的访问不受时空的限制，便于读者随时随地检索数字资源，有利于提升读者的信息素养能力。

（三）一卡通对接，实现数据共享

高职院校图书馆原来采用的是条形码识别自制的手工借书证，与读者的校园其他各种卡不兼容，各行其是。数字校园建设下，图书馆业务系统与一卡通对接，图书馆不再制作功能单一的借书证，读者直接使用一卡通借还书、通行门禁、电子阅览室上网、自助打印扣款、图书超期或遗失扣费等服务，实现一卡畅通，数据共享，优化了业务流程，提高了教育服务质量。

（四）泛在的信息素养教育

为了实现读者不论在何时何地都能够访问图书馆资源，高职图书馆利用超星移动图书馆、VPN等技术为读者提供了4种不同的接入图书馆资源方式，

读者可以根据自己的使用习惯选择访问图书馆资源。第一种是借助学院的综合服务平台，它集成了学院的招生、就业、教务、教学、图书等；第二种校外访问 VPN，通过 VPN 虚拟专用网，远程登录到图书馆网站。第三种安装超星移动图书馆，与 OPAC 系统的无缝对接，通过一卡通登录后，可进行文献检索、馆藏查询、个人借阅历史查询、图书续借、新生入馆培训、咨询、借书到期提醒、公开课等个性化自助服务。第四种图书馆微信公众号，通过关注，可以进行数字资源查询、新生入馆教育、图书查询和续借、各种专题讲座数据库培训阅读活动等。这几种方式都能实现访问图书馆资源，进行数字资源的查询检索、图书预约、续借等功能，并且优势不同：综合服务平台集成了多个部门的功能，是数字校园的微门户；VPN 主要是校外访问，方便了读者在家或者出差时，只要能上网，输入用户名和密码就可以利用 VPN 访问图书馆资源；超星移动图书馆是专门为图书馆制定的移动阅读平台，APP 可在手机、Pad 等移动设备上实现电子资源的一站式检索，提供方便快捷的全文移动阅读服务，同时还拥有百万册电子图书、海量报纸文章及中外文献供读者自由选择；图书馆微信公众号更能方便读者随时关注各种信息素养活动，实时了解信息动态。

（五）引进自助设备，提供智能化服务

高职院校图书馆楼宇里已使用歌德电子书借阅机，读者在借阅机上找到想要的电子书后，点开电子书，用手机或其他移动终端可以扫描二维码的工具均可将电子书下载到手机本地，方便离线阅读图书。同时，图书馆还有博看 4K 触摸屏智能终端、阿帕比报纸触摸屏、方正电子书触摸屏，电子书、期刊、报纸、杂志上面全都有，原版原貌呈现，实时更新，全新的阅读方式吸引了众多读者的使用。另外引进了联创打印管理系统，系统提供完全自助式打印、复印、扫描服务；读者只需在电脑端下载安装联创打印驱动，系统与一卡通对接，全程实现无人化自助式服务，自动认证和扣费；还引进了云打印，云打印是整合软件（平台）+硬件（打印设备）+服务（云服务平台），来实现异地远程高效打印的。在图书馆公众号服务栏目下提供云打印服务，读者只需要通过手机登录平台，上传文档就可以实现远程异地、高效打印，而且还不受距离、时间的限制，给读者的工作和学习提供了便利。高职院校图书馆还引进了自助借还书系统，它是智慧图书馆的重要组成部分，终端设备为自助借还机，每一层都放置有，自助借还书系统通过对书或资料的电子标签或条形码进行扫描、识别，将其信息反馈到系统中进行处理，自动完成借阅与归还。自助借还书系统的引用，提高了借还速度，缩短了读者的检索时间，减轻了工作人员的工作量。

四、数字校园下高职院校信息素养教育培养路径

（一）充分利用新的信息技术，提升读者的信息素养

培养读者具有良好的图书馆素养是信息素养教育的重要内容，帮助读者熟练运用图书馆的各种资源，充分利用图书馆的各种便利设施，享受图书馆的各种服务，为提升读者的信息素养能力提供保障。自助打印、云打印、二维码扫码进馆、自助借还、VPN校外访问等这些新技术的应用，不仅能够吸引读者的使用热情，而且能够在使用中不断地提升读者的信息素养。另外借数字校园建设之际，高职院校图书馆还应继续争取资金的投入，充分利用新技术物联网RFID技术提升图书馆智慧化发展，加大图书馆信息化建设。利用RFID技术，实现图书精确定位，智能化盘点，提高图书检索效率。除此之外，图书馆还可以利用RFID技术提供个性化服务。通过RFID读者卡，读者一进入图书馆，就自动识别身份，根据读者相关信息，将相应学科的新书或者可能感兴趣的书目推送到读者的手机上，同时书目的详情以及在架情况都会显示出来。新技术的应用，能够优化图书馆很多业务，减少读者操作时间，提升读者的体验度，同时还能够提升读者的信息素养。

（二）加强新媒体应用，开展线上信息素养教育

新媒体时代，图书馆可以利用微信、微博等有着广大受众，以"短、小、精"为主要特征，辐射面广、速度快、互动性强为特点的新媒体，积极探索线上信息素养教育，主动开展知识信息推送、激发读者参与热情，提升读者信息素养水平。在智慧环境下，高职院校图书馆在利用新媒体设置微信公众平台的服务功能时，就要精准把握读者的实际需求，了解读者想要获得的内容，根据读者需求、读者特点准确定位、做到智慧化服务。此外，在新媒体应用上，还应该加强应用研究，重点研究：开展什么服务如互动交流、信息推送、自动应答、数字资源宣传推广等，开展此服务是否可行？如何让读者积极参与互动？是否有精力准确地为读者提供所需信息等等，避免其流于形式。另外依托新媒体，可以充分利用图书馆微信公众号进行线上新生入馆教育，发布阅读推广、数字资源培训、主题讲座、诵读、师生讲坛等活动方案，读者可以随时随地关注并参与活动，开展线上信息素养教育。

（三）完善管理制度，提升图书馆馆员信息素养

管理既包括图书馆领导对馆员、馆员对读者的人员管理，也包括馆员对图书、期刊、资源、智能设施设备的硬件管理。智慧图书馆的人员管理不能再以约束和惩罚、服从为目的，而是要根据读者的意见、建议和馆员实际情况制定完善的管理制度，在"以人为本，以读者为中心"的管理理念指引下，建立富有生机的智慧化管理模式，提升图书馆馆员的信息素养能力。新技术、新理念要求各部门馆员之间协同、合作，不是光各负其责受所属部门领导、孤立地存在，如RFID技术要求流通与采编工作的无缝对接和准确定位。设备管理不仅要保障正常运行，而且要加强技术的研发，促进设备更新，利用新的技术统一进行智能管理。在新的管理理念下，图书馆要制定相应的智慧管理制度，大力提升图书馆馆员的信息素养水平，充分重视并不断加强信息技术与信息能力的学习与培养，开展信息素养继续教育和专业培训，使其具备能够利用先进的设备进行信息服务的能力，学会依据图书馆的软硬件设施创设信息素养教育环境。通过完善图书馆的管理制度，使各方面都有章可循，充分利用智能管理手段，以促进图书馆的数字化、智能化向智慧化转变的同时大力提升馆员的信息素养水平。

五、智慧化建设下信息素养教育的效果

借数字校园建设，高职院校图书馆搭建了软硬件平台，实现了Wi-Fi全图书馆覆盖，读者通过无线可以随时随地访问图书馆资源，提高了数字资源的检索效率；一卡通系统与图书馆系统的对接，读者只需用一卡通就可完成图书的借阅、自助打印、刷卡门禁等操作，优化了工作流程，减少了等待时间，提升了用户体验度；微信公众号和移动图书馆的安装使用更为读者提供了检索资源的便捷，在使用的过程中同时也提升了读者的信息素养水平。

为了能更好地了解图书馆智慧化建设以后，读者对图书馆资源的使用情况，在全院进行了线上图书馆资源问卷调查，共收到406份问卷，其中学生填写293份，教师填写113份。图7-1是师生对图书馆资源建设的总体评价。

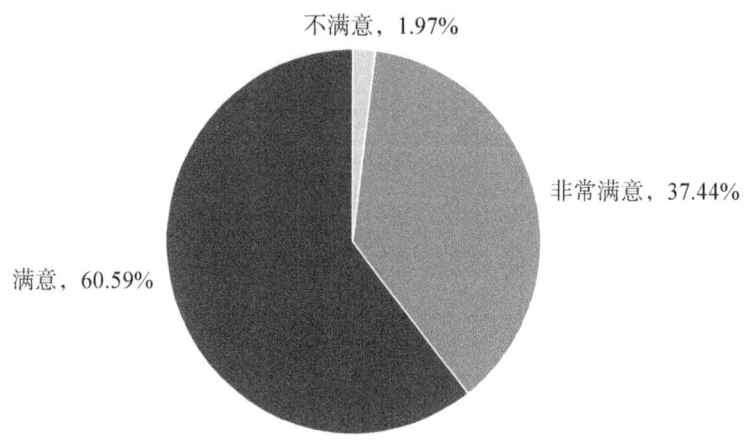

图 7-1　图书馆资源建设总体评价

从图中可以看出，智慧化建设以后，图书馆提供了数字化、网络化、自动化服务，读者对图书馆的资源建设情况总体上还是满意的，只有不到 2% 的读者不满意。

图 7-2 是图书馆信息资源需求满足程度（教学、科研、学习等），可以看出基本上都可以满足，只有 7.38% 的读者不够用或者不常用，约 92% 的读者基本上都在利用图书馆的资源。数字校园建设下的图书馆资源的使用，对信息技术的要求比较高，这就需要不断地提升读者信息素养，加强读者信息素养教育，为满足读者的信息需求提供保障。

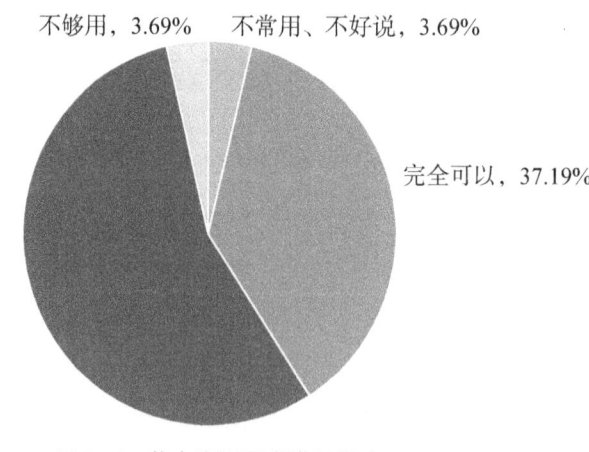

图 7-2　信息资源需求满足程度

伴随数字校园的建设，高职院校图书馆在信息化基础建设、自助终端服务、移动终端24小时随时随地服务、网站平台等许多方面得到了升级、优化，减少了读者的借阅和等待时间，提高了工作效率，方便了读者使用图书馆资源。随着物联网、云计算、大数据等先进技术的不断发展，智能技术应用、信息素养教育开展、智慧化管理水平提高是建设智慧图书馆的未来发展趋势。高职院校图书馆从传统图书馆转变到数字图书馆的同时，升级到了移动图书馆，逐步实现着数字化、网络化、智能化，信息素养教育从起初的传统信息检索课程到泛信息素养教育，构建一套充分利用信息技术的线上教育体系。高职院校图书馆应继续借数字校园建设的东风，秉承以人为本、以读者为中心智慧化发展的理念，高效、便捷、个性化地服务读者，使得读者信息素养能力进一步提升，为建设智慧图书馆打下良好基础。

第二节　大数据时代高职院校信息素养教育提升路径

随着物联网、移动互联网的快速发展，大数据技术的应用，人们之间的交往越来越密切，从人们频繁使用移动终端到科学技术的广泛应用，生活越来越便利，大数据就是这个高科技时代的产物，已经渗透到当今的各行各业。面对海量的数据和数据之间的关联，数据的发现、存储、挖掘、分析将成为图书馆特别是智慧型图书馆要考虑的关键因素。那么大数据时代读者怎样利用智慧图书馆的资源？如何利用大数据技术对图书馆的资源进行智慧的管理和服务？图书馆如何处理和利用产生的海量数据？如何利用大数据技术提升师生信息素养教育？这些将是大数据时代智慧图书馆服务创新需要考虑的关键问题。

一、大数据的特点

从2009年开始，大数据成为互联网信息技术行业的研究热点。随着新一代信息技术移动互联网、云计算的飞速发展，互联网上的数据每年将增长50%，每两年便将翻一番，由日益普及的网络行为所产生的海量数据，将在众多领域引起变革，大数据时代来了。大数据也称为"巨量资料"，是指无法在一定时间内用常规软件工具对其内容进行抓取、管理和处理的数据集合。换言之，大数据的核心是对海量数据的处理和应用，数据流转的速度之快、数据类型的多样性、数据量的几何级增长、低价值性，使得用现有的工具和分析方法无法统计原本很难收集和使用的数据，与云计算的深度结合，开始容易被利用起来了，通过分析和加工处理，大数据将为各行各业创造更多的价值。

大数据时代给图书馆的发展带来了极大机遇：新一代信息技术如RFID、物联网、移动互联网、云计算等应用到图书馆中，优化了业务流程，减少了读者等待时间，提高了馆员的工作效率。与传统图书馆相比，大数据时代高职院校图书馆更注重提高精准化服务和智慧化管理，通过对产生的结构化、半结构化和非结构化数据的分析、处理和加工，最终实现书书、书人、人人相连、任何时间、任何地点、任何方式可用的图书馆。

二、大数据时代信息素养教育的要求

2020年2月26日，教育部办公厅印发《2020年教育信息化和网络安全工作要点》，核心目标是深入实施教育信息化2.0行动计划，提出"师生信息素养持续提升"。继续办好全国教师教育教学信息化交流活动和全国职业院校技能大赛教学能力比赛，创新活动的内容和形式，提高师生信息素养。继续指导有关高校加强教育信息化能力建设，利用人工智能、大数据等技术开展继续教育，为探索时时、处处、人人学习的学习型社会提供资源和服务。可见信息素养教育成了解决当前教育发展难题的一个重要途径，继续推行职业教育课程建设和教学改革，进一步提升人才培养的质量，进行信息素养教育，特别是提高大学生在信息化、网络化环境中的数据素养和信息安全意识已经成为我国高职院校新时代下素质教育的要求。

三、大数据时代信息技术在图书馆的应用

大数据时代，随着新一代信息技术，如物联网、大数据、云计算、人工智能等在图书馆中的广泛应用，图书馆实现了数字化、网络化、智能化向智慧化发展，建设智慧图书馆是未来图书馆发展的新模式。由此可见，大数据时代，利用先进的信息技术，建设互联互通高效的智慧图书馆是新的发展方向。

大数据时代，新兴信息技术在图书馆中的应用，促进了图书馆智慧化建设，提升了图书馆智慧化服务。借助区块链技术构建数字阅读平台，运用区

块链的分布式与共识机制记录读者的阅读轨迹，预测出读者的阅读习惯、阅读行为，为读者提供精准的阅读服务；利用5G+VR/AR技术构建虚拟现实图书馆，读者可以通过佩戴头盔设备或者穿戴装备穿越时空进入图书馆的虚拟场景，使其身临其境，感受真实图书馆的空间布局、服务设施、阅览排架等立体馆藏资源，进行全新的沉浸式、互动性体验；利用机器学习和数据挖掘技术，图书馆可以开发出更加个性化的智能推荐系统，智能推荐可以分析读者的行为和偏好，根据读者的历史行为和搜索记录，推荐相关的内容和产品，这样，读者就可以获取到更加符合自己需求的信息，提高他们的信息素养；利用自然语言与计算机交互的智能化技术，图书馆可以开发出智能问答系统，在信息素养教育中，智能问答可以帮助学生更好地理解知识。例如，当学生对某个概念不理解时，智能问答可以利用自然语言理解技术，自动识别出学生的问题，并给出相关的解释和例子，帮助学生更好地理解知识。新技术的应用，能够优化图书馆很多业务，减少读者操作时间，提升读者的体验度，增强读者的黏性，同时馆员还能解放出来提供更多的学科服务及咨询服务。

大数据时代，谁拥有了数据谁都拥有了财富。通过数据采集，对数据进行"加工"，依托云计算的分布式处理、分布式数据库和云存储，实时搜集数字资源数据库上登录、检索、浏览、下载、点击量以及访问量数据，分析读者行为，知道哪个时间段哪个数据库利用率高，不仅能够指导数字资源库建设，还能针对读者进行有效培训，提升信息素养能力。

四、大数据时代高职院校信息素养教育存在的问题

大数据时代，大多数高职院校图书馆都在向智慧型图书馆发展，但信息技术、信息利用等信息素养方面还停留在传统的模式上，与当今时代的发展很不适应。一方面，大多数高职院校图书馆在建设的过程中往往都把重点放到了硬件上，扩大设施，引进自动化、智能化设备，而忽视了软实力建设。随着物联网、云计算的广泛应用带来的大数据爆炸、数据成几何级倍增，相对于高职图书馆还处于重藏轻用，资源建设更新意识薄弱，设备上也只是处于引进维护，没有加强新技术的研究应用上，已经很难适应大数据时代的发展要求；另一方面，随着高职院校智慧化建设的深入及读者信息需求的提高，简单的借阅服务方式很难适应当前的数字化发展带来的变化。传统的以纸质书为载体的知识传播方式，就很难满足读者个性化、精准化的资源需

求。面对大数据环境下高职图书馆资源建设带来的大规模、类型复杂、来源众多的非结构化数据，如果没有及时对数据进行收集、整理、分析，就不可能对读者进行正确的引导。阅读、图书推荐及检索手段就可能落后，无法满足大数据时代的信息需求，导致读者不能及时且准确的检索到自己想要的资料。另外，当前的信息素养教育大部分都停留在传统的教育模式上，没有提供信息化的教育方式，即使提供也是基于结构化的数据，并没有挖掘数据本身较深层次的信息，也并没有利用非结构化数据。因此，在大数据时代下，高职院校应该把数据结构转向非结构化数据和半结构化数据，分析、挖掘和处理这些数据，预测可以为高职图书馆的未来发展教育、信息素养培养提供必要的大数据支撑，将成为大数据时代衡量高职院校智慧服务水平和服务质量的一个关键性指标，也将为师生信息素养的提升提供精准的基础条件。

五、大数据时代高职院校信息素养教育提升路径

大数据时代，高职院校图书馆为读者提供创新教育，提高教育质量，调整教育模式，利用大数据技术对基础数据、用户行为数据以及其他数据进行分析、挖掘，尽量满足读者的需求，提供个性化的信息推送、细粒度精准化教育、智慧化的教育等，利用大数据理念开展信息素养教育、创新服务方式、培养师生的数字素养与技能，提升师生数字素养水平。

（一）预测读者需求，提供个性化的阅读推广信息素养活动

大数据时代，传统图书馆的被动服务已不能满足读者的需求，利用大数据技术，对读者所采集到的所有用户行为数据如读者借阅信息、数字资源读者访问信息、检索浏览下载数据等进行分析预测，一方面可以分析整理出图书借阅总体情况、各类图书借阅的排行榜，得到图书利用率情况，从而可以准确把握读者需求，自动分析读者的阅读兴趣，挖掘读者的潜在需求，预测读者爱好，有针对性地向读者推送个性化的图书阅读活动；另一方面根据读者对电子图书的查询、浏览、下载数据进行分析，挖掘有价值的信息，预测出读者的需求，然后确定预订书目清单，等纸质图书采购流通后，向读者推送个性化的图书借阅活动。预测读者需求，提供个性化的信息推送，不仅提高了纸质图书的利用率，还克服了传统采购流程中新书流通速度慢的特点，大大提高了新书借阅率，避免了资源的浪费，极大地提高了图书馆运行的效率和效益，从而更好地为读者举办阅读推广信息素养活动。

(二)分析读者行为数据,提供精准化的细粒度信息素养内容

大数据时代,随着高职院校图书馆的智慧化发展建设,数字资源量不断增加,随之带来了海量的信息,读者想要找到自己需要的信息就变得很困难,即使找到所需要的信息,也要花费大量的时间去鉴别是不是自己需求的信息,需要提高读者信息素养,提升读者的批判性思维能力。因此,利用大数据技术,分析挖掘读者行为数据,快速精准的帮助读者找到所需要的信息,提供精准的细粒度教育内容,是大数据时代高职院校图书馆服务方式和信息素养提升的方向。例如利用数据挖掘技术,将包含读者检索的表格、图形、文本、文献等集合性的数字对象提取、索引、查找,进行细粒度的研究,以便将在特定学科领域以及相关领域有影响力的作者论文推荐给读者研究,甚至可以捕捉读者的动态操作行为,细化读者的每一次点击,包括什么时间在哪个资源库检索浏览下载了什么内容,结合学科分析,为读者建立灵活的科研行为档案,研究读者的科研行为习惯,将不同层次、类别、细粒度的信息推送给读者,为高职院校实现细粒度精细化信息素养服务提供了可能。

(三)关注读者微信息,提供深层次的信息素养教育

大数据时代,移动互联网的普及,微信、微博等有着广大受众,以"短、小、精"为主要特征,辐射面广、速度快、互动性强为特点的"微"事物创造出来了90%的非结构化数据或者半结构化数据,高职院校图书馆的信息素养教育也应关注读者的微行为,挖掘微信息,提供智慧化的培训内容。高职院校可以利用大数据技术,搜集、分析读者与图书馆的微信、微博、qq等互动需求信息,读者在利用图书馆资源信息时也创造了新的信息,关注读者发出的微信息(微表情、微图片、微视频……),精选出读者的微评论,这都将是高职图书馆提供微服务的源泉。比如,图书馆通过微信、微博这种即时工具为读者服务时,读者反馈回来的一条短文、一个表情、一个知识点、一段音频或是互动交流时发的一张图片、一段视频、一条意见建议等,这些微信息都是图书馆要关注的,要全面把握大数据时代每一个微变化所反映的数字信息价值,为图书馆创新服务模式,拓展信息素养教育方式,激发读者的参与度,提高读者的热情。所以高职院校在大数据时代要关注读者微信息,加强微数据处理能力,促进图书馆与读者互动交流,从而进行深层次的信息挖掘和信息分析,更好地为读者提供信息素养教育。

(四）增加数字素养内容，完善信息素养教育体系

在大数据时代，由于数字资源的不断增加，高职院校要积极应对所处的大数据环境，增加数字素养内容，完善信息素养教育体系。首先加强数字化平台建设，为师生提供教学素材库及数字化资源平台或者自建数字素养教育平台，将数字素养教育的概念、理论、数字技能、案例等以专题形式或者制作成视频以微课形式或者游戏方式供学生学习。另外高职院校要建立一支高效数字素养教育师资队伍，加强对学生数字素养与技能的培训，开设数字素养教育课程，培养学生的数据意识，增加学生对数据的敏感度，提高学生的数字技能。总之大数据时代，各种资源都逐渐数字化，数字素养成为必备的素养，要扩充信息素养内容，增加数字素养教育，提升师生的数字素养与技能，以适应大数据时代数字化要求。

大数据时代，高职院校的智慧化建设，使图书馆资源更加丰富、多样，同时也带来了规模大、类型复杂、来源众多的非结构化数据。因此，运用大数据技术，预测读者需求、分析读者行为数据、关注读者微信息，增加数字素养内容，完善信息素养教育体系。只有这样，高职院校图书馆才能真正做到以读者为中心，以服务为驱动，以读者需求为出发点，提供个性化、精准化、智慧化的信息素养教育，从而进一步提升师生的信息检索能力，提高师生的信息素养，这也是大数据时代人们必备的基本能力。

附　录

● 附录1　2023年"中文在线杯"全国高职高专院校信息素养大赛学生集训实施方案

一、大赛背景

为贯彻落实《国家职业教育改革实施方案》《教育信息化2.0行动计划》和《普通高等学校图书馆规程》等有关文件精神，持续推进高职高专院校信息素养教育工作，经教育部高等学校图书情报工作指导委员会高职高专院校分委员会、高等教育文献保障系统（CALIS）管理中心共同研究，决定举办本次大赛。本次大赛命名为：2023年"中文在线杯"全国高职高专院校信息素养大赛（以下简称"大赛"）。大赛一贯秉承"公开、公平、公正"的办赛原则，旨在全力推动全国高职高专院校开展信息素养教育教学，展示先进教学成果，提升师生数字素养与技能，交流信息化教学经验，促进全国高职高专院校信息素养教育全面健康发展。

本次大赛由教育部高等学校图书情报工作指导委员会高职高专院校分委员会高等教育文献保障系统（CALIS）管理中心主办，深圳职业技术大学承办，湖北中文在线数字出版有限公司北京方正阿帕比技术有限公司协办。

二、竞赛安排

根据比赛通知，本赛项参加国赛大赛项目负责人1人，指导老师3人，参加全国信息素养大赛2人，参加NSTL原文传递赛6对，每队5人，共30人。参赛成员如下：

项目负责人：张馆长

指导老师：胡玉清　赵老师　刘老师

集训地点：线上和线下结合

集训时间：2023年9月20日至12月17日

三、集训内容

序号	指导教师	竞赛模块	竞赛内容	竞赛时间
1		客观题	信息意识、信息道德、信息知识与信息技能	60 分钟
2		主观题	撰写调研报告	120 分钟
3		答辩环节	自我介绍、选手陈述、选手答辩	每位选手限时 5 分钟
4		原文传递	利用 NSTL 官网和 CALIS e 得信息工具及已知信息，实际操作找到所需的文献信息资源	4 天

四、集训安排

校外专家聘请

外请专家	授课内容	授课学时	单位课酬	总课酬
待定	网络好用的资源、平台及参赛经验分享	8		
	如何做研究综述，怎样答主观题	8		
合计		16		

校内指导教师聘请

指导老师	授课内容	授课学时	单位课酬	总课酬
	大赛平台使用讲解	4		
	检索入门：工具与技巧	4		
	中国知网、万方数据、中文在线等网络数据库检索技巧	4		
	百度等搜索引擎检索技巧讲解	4		
	常用的网络信息检索工具	4		
	图书资源查找技巧	4		
	商务信息的检索与利用	4		

续表

指导老师	授课内容	授课学时	单位课酬	总课酬
	专利信息的检索与分析	4		
	标准信息的检索与分析	4		
	大赛客观题讲解	4		
	调研报告撰写	8		
	答辩环节训练	4		
	NSTL 原文传递技巧讲解	8		
	合计	60		

五、竞赛保障

（1）建立组织机构。围绕 2023 年"中文在线杯"全国高职高专院校信息素养大赛赛项，图书馆围绕该赛项，成立赛项组，参与教师 3 人，负责集训方案制定，教师培训、集训辅导、学生选手甄选等。

（2）组织教师学习。2023 年 8 月 31 日和 9 月 8 日，项目组教师分别参加了全国高职高专院校信息素养大赛启动工作会议和北京市高职高专信息素养大赛启动会议，了解竞赛目的、竞赛内容、竞赛方式等，并制定了后期集训方案及任务分配。

（3）组织学生开展集训。安排前期通过校赛市赛层层选拔通过的 2 名学生，在课余、晚上及周末，由指导老师和专家为学生开展集训辅导，分模块学习和训练，并通过集训对选手进行测试，逐步适应比赛内容。

（4）模拟训练。通过大赛比赛平台进行真题练习和图书馆高校信息素养数据库模拟练习，练习过程中遇到问题随时通过微信解答，周三下午进行集中训练排错，并评析总结存在的问题。

附录 2　图书馆数字资源有奖问卷调查

为了做好图书馆数字资源建设工作，保障学院专业建设和人才培养对数字文献的需求，更好地为教学、科研、学习提供服务，图书馆面向全校读者开展数字资源建设有奖问卷调查活动。图书馆诚挚邀请您参与到数字资源的工作中，发表您对数字资源建设、服务、信息素养提升的意见与建议，您的宝贵意见将帮助我们做好数字资源建设和信息素养培养工作。为了感谢您的参与和支持，调查结束后，我们将在提交完整信息的读者中，进行抽奖。

您是 [单选题] *

○ 学生

○ 教师

学院 / 部门 [填空题] *

_____

姓名 [填空题]

_____

联系方式 [填空题]

_____

1. 您了解图书馆的数字资源吗？[单选题] *

○ A 很了解

○ B 了解一些

○ C 不清楚

2. 您通过什么途径了解图书馆的数字资源？（可多选）[多选题] *

□ A 图书馆网站

□ B 图书馆微信公众号

□ C 图书馆培训

□ D 图书馆宣传

□ E 老师或者同学介绍

3. 您使用图书馆数字资源的目的是（　　）？（可多选）[多选题] *

□ A 查询研究课题资料

□ B 教学需要

□ C 撰写论文

☐ D 了解专业发展方向

☐ E 学习课程需要

☐ F 就业创业

☐ G 休闲娱乐

☐ H 其他 _____

4. 您使用图书馆数字资源（各类数据库及电子图书）的频率是（　　）（填最接近的项）[单选题] *

○ A. 每周 1～2 次

○ B. 每月 1～2 次

○ C. 每学期 1～2 次

○ D. 从来没有用过

5. 影响您使用图书馆数字资源的因素有哪些呢?（　　）（可多选）[多选题] *

☐ A. 没有这方面的需要或者不习惯使用数字资源

☐ B. 不知道可以利用哪些数据库来查找文献

☐ C. 有其他途径可以满足

☐ D. 不熟悉数据库的检索下载操作等

☐ E. 想使用的数字资源经常出现打不开等故障

☐ F. 想在家使用，但是不知道怎么使用图书馆的校外访问服务

☐ G. 没有使用障碍

☐ H. 其他 _____

6. 您经常使用的或者比较喜爱的图书馆数字资源有哪些（　　）（可多选）[多选题] *

☐ A. 中国知网

☐ B. 万方数据库

☐ C. 爱迪科森网上报告厅

☐ D. 超星发现

☐ E. 新东方多媒体学习库

☐ F. 库客音乐数字图书馆

☐ G. 北大法意数据库

☐ H. WestLawNex

☐ I. 读秀

☐ J. 博看期刊

☐ K. 万方视频

☐ L. 维普考试资源库

☐ M. 超星视频

☐ N. 百链云数字图书馆

☐ O. 人大复印报刊资料

☐ P. 学习通移动图书馆

☐ Q. 阿帕比报纸

☐ R. 畅想之星

☐ S. 近代法律数据库

☐ T 就业资源学习平台

7.以下网图共享的数据库，你经常使用哪些数据库（　　）?（多选）[多选题] *

☐ A 职业全能培训库

☐ B 就业数字图书馆

☐ C 创业数字图书馆

☐ D e 线图情

☐ E 国务院研究发展中心信息网

☐ F 新华社专供信息服务

☐ G 中国经济信息网

☐ H 道琼斯全球资讯

☐ I MeTeL 教学视频资源平台

8.您使用过下面哪些数字资源相关的服务（　　）?（多选）[多选题] *

☐ A. 超星学习通移动图书馆 APP

☐ B. 各数据库单独的漫游账号、移动端应用 APP 或微信公众号

☐ C. 自助打印服务

☐ D. 触控屏阅览报纸

☐ E. 触控屏阅览下载电子书

☐ F.VPN 校外访问

☐ G. 触控屏阅览下载电子期刊

☐ H. 图书馆的电子阅览室

☐ I. 朗读亭

9. 您对在校外访问图书馆数字资源是否有需求（　）？ [单选题] *

○ 是

○ 否

10. 您喜欢使用哪种校外访问图书馆数字资源方式（　）？（可多选）[多选题] *

☐ A. 单独数据库的漫游账号

☐ B. 单独数据库的移动端 APP

☐ C. 微信公众号

☐ D. VPN 方式

11. 您对目前图书馆已订购的数字资源的总体评价是（　）？ [单选题] *

○ A 非常满意

○ B 满意

○ C 不满意

12. 图书馆已订购的数据库哪些需要继续订购（　）？（可多选）[多选题] *

☐ A. 中国知网

☐ B. 万方数据库

☐ C. 爱迪科森网上报告厅

☐ D. 超星发现

☐ E. 新东方多媒体学习库

☐ F. 库客音乐数字图书馆

☐ G. 北大法意数据库

☐ H. WestLawNext

☐ I. 读秀

☐ J. 博看期刊

☐ K. 万方视频

☐ L. 维普考试资源库

☐ M. 超星视频

☐ N. 百链云数字图书馆

☐ O. 人大复印报刊资料

☐ P. 学习通移动图书馆

☐ Q. 阿帕比报纸

☐ R. 畅想之星

☐ S. 近代法律数据库

13. 您觉得图书馆现有的数字资源在多大程度上满足了您的信息需求（教学、科研、学习等）？[单选题]*

○ A. 完全可以

○ B. 基本可以

○ C. 不够用

○ D. 不常用，不好说

14. 下面图书馆正在试用数据库，您希望图书馆再采购哪些数据库（　　）？[多选题]*

☐ A. 新东方互动口语

☐ B.3E 英语智慧学习云数据库

☐ C.MET 全民英语学习资源库

☐ D. 新时代高校党建资源学习平台

☐ E. 中国共产党思想理论资源数据库

☐ F. 新时代中国特色社会主义思想知识服务平台

☐ G. 新工科创新资源平台

☐ H. 翼狐设计学习库

☐ I.IT 在线学习平台

☐ J. 设计师之家资源库

☐ K. 软件通数据库

☐ L. 可知电子图书

☐ M. 源素通数据库

☐ N. 雅乐经典视频数据库

☐ O. 法信

☐ P. 百度文库

☐ K. 新知学术发现系统

☐ R. 其他（请说明数据库名称或类别）_____*

您对图书馆数字资源建设还有哪些建议：[填空题]*

_____

附录3　高职院校学生信息素养现状问卷调查

1. 您的年级：[单选题] *

○ A 一年级

○ B 二年级

○ C 毕业班（贯通、五年制、3+2）

2. 您认为信息对日常学习、生活以及工作重要吗？[单选题] *

○ A 很重要

○ B 重要

○ C 一般

○ D 不重要

3. 您是否会主动关注与您(如学习，生活，工作等)密切相关的信息吗[单选题] *

○ A 非常关注

○ B 比较关注

○ C 不大关注

○ D 从不关注

4. 您是否清楚什么是信息素养吗？[单选题] *

○ A 非常清楚

○ B 比较清楚

○ C 不大清楚

○ D 不清楚

5. 当您有了信息需求时，您会？[单选题] *

○ A 总是能主动查找

○ B 多数时候能主动查找

○ C 有时候主动查找

○ D 从不主动查找

6. 当您需要某一资料时是否清楚去哪里获得？[单选题] *

○ A 非常清楚

○ B 比较清楚

○ C 不太清楚

○ D 不清楚

7.您获取信息的主要渠道是？（可多选）[多选题] *

□ A 电视广播

□ B 图书馆资源

□ C 通过百度等搜索引擎查阅资料

□ D 报纸书刊

□ E 抖音 哔哩哔哩 快手 等短视频

□ F 头条、搜狐等网站

□ G 微信公众号

□ H 微博

□ I 同学老师朋友

□ J 其他 ＿＿＿＿＿＿＿＿＿＿＿＿

8.您通过哪些途径了解图书馆资源？（可多选）[多选题] *

□ A 图书馆网站

□ B 宣传材料

□ C 学习通移动图书馆

□ D 图书馆微信公众号

□ E 图书馆举办数字资源和阅读推广活动

□ F 同学老师

□ G 其他 ＿＿＿＿＿＿＿＿＿＿＿＿

9.您参加过图书馆的哪些活动？（可多选）[多选题] *

□ A 信息素养大赛

□ B 各数字资源库宣传推广活动

□ C 数据库专题培训

□ D 阅读推广活动

□ E 新生入馆教育

□ F 其他 ＿＿＿＿＿＿＿＿＿＿＿＿

10.您对学校的数字资源（如中国知网、新东方多媒体库）了解多少？[单选题] *

○ A 非常了解

○ B 了解一些

○ C 了解一点

○ D 一点也不知道

11. 您经常使用网络获取哪些方面的信息？（可多选）[多选题] *

☐ A 新闻信息

☐ B 与学习相关知识

☐ C 生活信息

☐ D 产品信息

☐ E 下载（软件、音乐、视频等）

☐ F 就业创业信息

☐ G 网络购物

☐ H 其他 _____

12. 您会使用哪些信息检索方式？（可多选）[多选题] *

☐ A 简单检索

☐ B 高级检索

☐ C 专业检索

☐ D 分类检索

☐ E 二次检索

13. 在学习（学术）研究中您使用什么信息资源？（可多选）[多选题] *

☐ A 只用网络上的搜索引擎

☐ B 只用图书馆数据库相关的学术信息资源

☐ C 网络搜索引擎为主，配合使用图书馆资源

☐ D 图书馆资源为主，配合使用网络搜索引擎

☐ E 专业相关论坛 /BBS

☐ F 博客站点

☐ G 综合性网站 / 政府网站

☐ H 慕课站点（中国大学）

☐ I 短视频资源（哔哩哔哩、抖音等）

☐ J 其他 _____

14. 您对百度等网络搜索引擎的使用情况？[单选题] *

○ A 常常无法找到自己需要的信息

○ B 基本能找到需要的网站和网页

○ C 能找到任何需要的信息，如文字资料、图片

○ D 能非常迅速地找到所需要的信息

15. 您是否能准确地获取自己所需的信息？［单选题］*

○ A 一直都能

○ B 经常能

○ C 有时候能

○ D 从来不能

16. 您能否根据信息需求准确概括出所要的关键词，从而查找自己所需的信息？［单选题］*

○ A 完全能

○ B 基本能

○ C 有时能

○ D 不能选出

17. 你在浏览、阅读资料后，可以迅速并准确的概括、总结文章的主旨？［单选题］*

○ A 能

○ B 还行

○ C 较难

○ D 不能

18. 您将收集获取到的信息资料分类整理的频次是？［单选题］*

○ A 经常

○ B 有时

○ C 很少

○ D 从没有

19. 在网上搜索到作业或者论文信息后您是怎样利用它们的？［单选题］*

○ A 直接复制粘贴

○ B 理解后用自己的话表达

○ C 在原作基础上修改

○ D 仅作为参考

20. 您愿意主动与他人共享信息和知识？［单选题］*

○ A 十分愿意

○ B 视情况而定

○ C 不愿意

○ D 不知道怎么分享

21. 您对于网络涉及的伦理与道德问题？[单选题] *

○ A 非常熟悉

○ B 比较熟悉

○ C 不太熟悉

○ D 很不熟悉

22. 您认为信息素养能力对您将来就业重要吗 [单选题] *

○ A 非常重要

○ B 重要

○ C 不太重要

○ D 不重要

23. 您希望在哪些方面进一步提升信息素养？（多选）[多选题] *

☐ A 检索工具、数据库的使用

☐ B 检索策略检索式的使用

☐ C 信息分析处理

☐ D 毕业论文撰写

☐ E 网络搜索引擎的使用技巧

☐ F 其他 _____

24. 请您就大学生信息素养能力培养给出意见和建议 [填空题] *

_____

参考文献

[1] 陈鹤阳.面向可持续发展的 MOOC 信息素养教育研究 [J].图书馆工作与研究，2020（9）：73-78，95.

[2] 邓发云.信息检索与利用 [M].北京：科学出版社，2017.

[3] 段班祥，陈红玲，张广云.信息素养概论 [M].西安：西安电子科技大学出版社，2019.

[4] 段伟.大数据时代高校图书馆大学生信息素养教育研究 [J].赤峰学院学报（自然科学版），2021，37（6）：115-118.

[5] 韩冬，傅兵.信息素养教育论 [M].北京：北京理工大学出版社，2017.

[6] 胡燕.高校信息素养研究 [M].武汉：武汉大学出版社，2018.

[7] 黄常青.互联网＋信息素养教育 [M].长春：吉林出版集团股份有限公司，2023.

[8] 黄晓斌，彭佳芳，张明鑫.新环境下大学生信息素养评价标准的构建 [J].图书馆学研究，2019（24）：25-33.

[9] 蒋南.大学生信息素养能力与教育探索 [M].延边：延边大学出版社，2020.

[10] 焦海霞.基于"互联网＋"思维的信息素养教育体系构建研究 [J].现代情报，2017，37（2）：93-97.

[11] 李莉，史焰青.信息化条件下高职院校学生信息素养评价指标体系的构建 [J].知识经济，2019（10）：116-117.

[12] 林豪慧.大学生信息素养 [M].北京：电子工业出版社，2017.

[13] 罗源.大学生信息素养教程 [M].北京：光明日报出版社，2019.

[14] 乔好勤，潘小明，冯建福等.信息检索与信息素养 [M].武汉：华中科技大学出版社，2022.

[15] 任晓菲.大数据时代高校图书馆数字素养教育的目标及发展路径 [J].河南图书馆学刊，2017，37（5）：51-52，61.

[16] 汤慧.互联网＋思维下提升高职"双创"人才信息素养的意义与对

策[J].电脑知识与技术,2017,13(12):116-117.

[17]王贵海.国内外信息素养评价标准研究现状分析[J].图书馆学刊,2017,39(10):118-123.

[18]王文凯,于海涛.《高等教育信息素养框架》的应用及启示[J].数字图书馆论坛,2022(5):55-59.

[19]王晓艳.大数据时代高校图书馆提升大学生信息素养策略研究[J].内蒙古科技与经济,2022(9):136-137,140.

[20]徐文静,彭立伟.美国《高等教育信息素养框架》对信息素养教育的影响研究[J].图书馆杂志,2022,41(2):103-111,127.

[21]张现龙.大学图书馆信息服务与信息素养教育理论与实践研究[M].南京:河海大学出版社,2020.

[22]赵文芳,李兰.信息素养教育的理论与实践[M].南昌:江西高校出版社,2020.

[23]周晶,王晓红.高校信息素养类慕课(MOOC)创新策略研究:基于中国大学慕课和学堂在线开展的调研[J].图书馆学研究,2019(18):7-16.